教育部中等职业教育专业技能课立项教材

网络营销实务

主　编　凌　云
副主编　应彬彬　刘　涛

中国人民大学出版社
·北京·

图书在版编目（CIP）数据

网络营销实务/凌云主编．—北京：中国人民大学出版社，2015.5
ISBN 978-7-300-21199-2

Ⅰ.①网… Ⅱ.①凌… Ⅲ.①网络营销 Ⅳ.①F713.36

中国版本图书馆 CIP 数据核字（2015）第 088508 号

教育部中等职业教育专业技能课立项教材
网络营销实务
主　编　凌　云
副主编　应彬彬　刘　涛
Wangluo Yingxiao Shiwu

出版发行　中国人民大学出版社
社　　址　北京中关村大街 31 号　　　　邮政编码　100080
电　　话　010－62511242（总编室）　　010－62511770（质管部）
　　　　　010－82501766（邮购部）　　010－62514148（门市部）
　　　　　010－62515195（发行公司）　　010－62515275（盗版举报）
网　　址　http://www.crup.com.cn
　　　　　http://www.ttrnet.com(人大教研网)
经　　销　新华书店
印　　刷　北京密兴印刷有限公司
规　　格　185mm×260mm　16 开本　　版　　次　2015 年 8 月第 1 版
印　　张　9　　　　　　　　　　　　印　　次　2019 年 2 月第 5 次印刷
字　　数　199 000　　　　　　　　　定　　价　22.00 元

出版说明

为贯彻落实《国家中长期教育改革和发展规划纲要（2010—2020年）》，按照“五个对接”的教学改革要求，规范专业建设，深化课程改革，创新教材建设机制，全面提升中等职业教育专业技能课教材质量，教育部职成司于2012年5月开展了中等职业教育专业技能课教材选题立项工作，遴选出37家出版单位负责立项教材的出版和发行工作。

中国人民大学出版社作为教育部职业教育教材出版基地，获批金融事务、连锁经营与管理、电子商务、市场营销、物流服务与管理、旅游服务与管理、物业管理七个专业的教材选题立项（教职成司函［2012］95号）。依托自身在经管领域的专业优势，中国人民大学出版社迅速展开了对电子商务专业的课程调研和教材开发工作。经过近一年的努力，历经数次教材研讨，广泛听取一线教师的教学反馈，并组织专家审稿，电子商务专业中等职业教育专业技能课立项教材顺利面世。本套教材在编写上力求体现以下几个特色：

1. 贴近岗位实际，体现行动导向。本套教材基于电子商务企业真实的工作平台，将电子商务核心岗位进行提炼，强调以职业岗位中的任务为主线、以技能为载体，建立以工作过程知识为核心的教学内容、以情境教学为行动导向的教学方式，把教学重点真正落实到岗位能力的培养上。

2. 突出实用，理论适度。教材内容注意探索、总结、吸收我国电子商务企业的特点和经验，对学生传授“必需、有用、够用”的电子商务基本理论和基础知识，将重点放在理论、原理的应用思路、应用方法、操作技能和案例分析上，适当增加图、表、例和典型个案等栏目的内容比例，强化知识的应用性、可操作性。

3. 学生本位，形式活泼。教材以学生为中心，模块设置更强调学生在整个学习过程中的核心作用，突出了学生参与课堂、动手实践的环节。此外，教材还注重形式活泼，突出通俗性、趣味性、图文并茂，激发学生学习兴趣。

4. 教学配套资源完整，每本教材都配备了PPT课件、习题答案等丰富的教学资源，确保使用教材的教师在教学、实训等不同环节有足够的教学素材支持。

出版说明

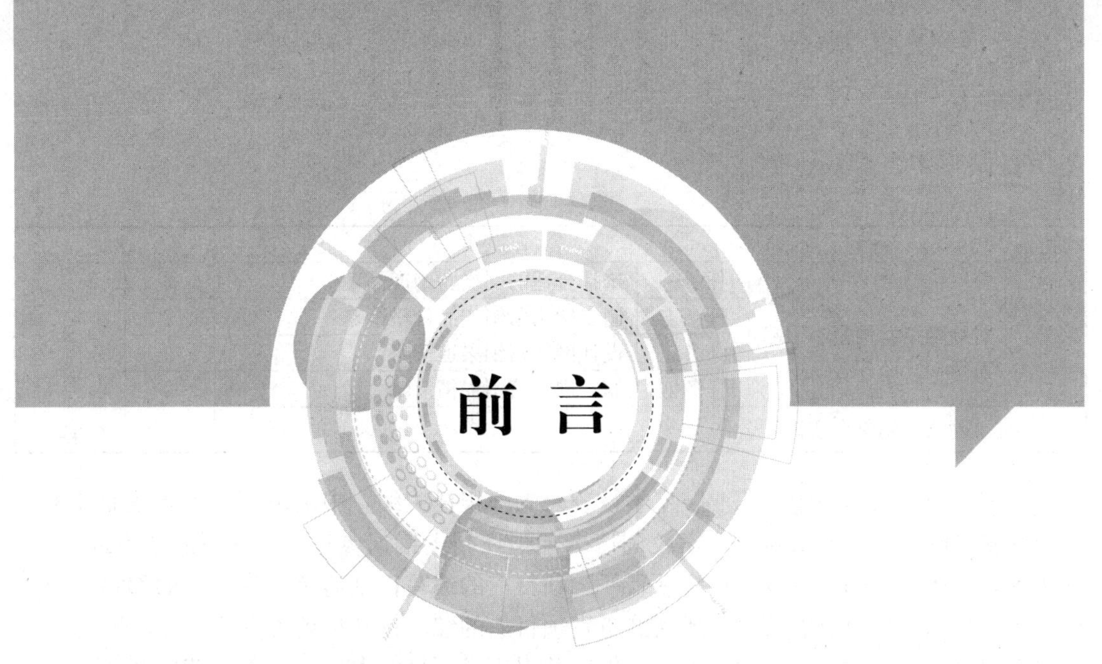

前 言

“网络营销实务”是中等职业教育电子商务专业的核心课程，主要包括网络营销的基本理论、基本方法与商业模式。本课程根据中等职业学校学生的认知特点和电子商务员的职业标准，力求反映当前电子商务领域最新的发展特点，体现理实一体化的理念，使学生在学习了本课程之后，能够对网络营销的框架与方法有一个较为全面的掌握，并为后续相关课程的学习打下良好的基础。

本教材按照“以网络营销任务工作导向为指引”的教学理念，根据网络营销工作岗位的技能要求，构建了项目课程体系。教材以案例为引导，以工作任务为载体，将知识融于项目实践，力求体现内容的先进性和适用性。学生通过任务驱动练习，可以最直接、最容易地掌握网络营销的核心技能。

本书共分为六个项目和一个综合实训，共计 56 课时，具体课时分配如下：

序号	项目	任务		课时	
1	认识网络营销	任务一	了解网络营销的概念	2	4
		任务二	分析网络营销环境及影响因素	2	
2	认识网络营销市场	任务一	细分网络营销市场	2	4
		任务二	定位网络目标市场	2	
3	网络营销调研与分析	任务一	网络商务信息收集整理	4	8
		任务二	设计在线调查问卷	2	
		任务三	撰写调研报告	2	
4	认识网络营销常用工具与方法	任务一	打造企业营销网站	2	10
		任务二	经营网店	4	
		任务三	体验 SoLoMo 营销	4	
5	网络信息推广	任务一	发布网络广告	2	10
		任务二	实施 E-mail 营销	2	
		任务三	应用搜索引擎	2	
		任务四	Web 2.0 营销	2	
		任务五	Web 3.0 营销	2	

续前表

<table>
<tr><th>序号</th><th>项目</th><th colspan="2">任务</th><th colspan="2">课时</th></tr>
<tr><td rowspan="4">6</td><td rowspan="4">设计网络营销基本策略</td><td>任务一</td><td>选择合适的网络营销产品</td><td>2</td><td rowspan="4">8</td></tr>
<tr><td>任务二</td><td>制定网络营销产品价格策略</td><td>2</td></tr>
<tr><td>任务三</td><td>设计网络营销渠道策略</td><td>2</td></tr>
<tr><td>任务四</td><td>制定网络营销促销策略</td><td>2</td></tr>
<tr><td>7</td><td>网络营销综合实训</td><td colspan="2"></td><td>12</td><td>12</td></tr>
</table>

本书由中山市第一中等职业技术学校凌云老师担任主编，中山市第一中等职业技术学校应彬彬老师、广东省梅州农业学校刘涛老师担任副主编，参与本书编写的还有邱雪红、叶华英，具体分工如下：凌云负责项目一、项目三的编写；刘涛负责项目二的编写；应彬彬负责项目四、项目五的编写；邱雪红负责项目六的编写；叶华英负责综合实训的编写。

在本书的编写过程中，我们参阅、借鉴并引用了大量国内外有关网络营销和电子商务等方面的资料和研究成果，浏览了许多相关网站，并得到了有关学校和企业的支持，在此一并表示感谢。

本书可作为职业院校电子商务专业及相关专业学习网络营销的教材，也可作为网络营销爱好者的自学用书。

由于编写时间仓促，编者水平有限，书中错漏在所难免，恳请广大读者批评指正。

编　者

目 录

认识网络营销

学习目标

1. 掌握网络营销的定义和内容，了解它与电子商务之间的关系。
2. 了解当前网络营销环境状况，培养对网络营销环境的分析能力。

学习内容

1. 网络营销与电子商务的关系及概念。
2. 网络营销的特征；网络营销与传统营销的关系及两者的整合。
3. 网络营销微观及宏观环境。
4. 企业网络营销的主要形式。

教学方法和建议

1. 通过工作任务引导，让学生对网络营销的概念有一个深入的认识；通过学生对网络营销环境的分析，体验企业开展网络营销工作的筹备工作，进一步加深对企业网络营销活动的理解。

2. 教师可采用案例教学法、项目教学法及角色扮演法等多种教学手段，组织学生利用网络工具，对知识进行主动的收集与归纳，并分组进行工作岗位调查与环境分析。

建议课时

任务一：了解网络营销的概念	2 课时
任务二：分析网络营销环境及影响因素	2 课时

21世纪展现在人类面前的是一个以数字化、网络化、信息化为特征的信息时代。经济全球化与网络化已经成为一种融合互动的发展潮流，信息技术革命正在加快世界经济结构的调整与重组，从根本上改变着企业生存和发展环境。网络营销作为信息时代的商贸形式，不仅对企业的经营方式和运作过程产生巨大影响，也对消费者的思维方式、工作方式和生活方式产生巨大影响，这种环境变化要求企业必须建立与之相适应的新的经营理念和管理模式。近年来，电子商务技术发展相当迅速，网上出版、网上贸易、网上银行等，几乎涉及商贸、金融活动的全部内容，网络营销也随之成为企业经营的必备武器。

任务一 了解网络营销的概念

任务情境

在网络营销课程的第一天，老师就布置了一个任务，要求同学们找出当前网络营销的主要形式以及成功的案例，以此让学生了解网络营销的概念，于是珊珊同学借助网络上丰富的资源开始了网络营销知识的学习。

案例导入

eBay的网络营销模式

互联网为个人经商提供了便利，各种个人拍卖网站层出不穷，形式类似于西方的"跳蚤市场"，其中最成功、影响最大的应该算是eBay，它是由美国加州的年轻人奥米迪亚(Pierre Omidyar)在1995年创办的，是互联网上最热门的网站之一，每周有数千万人次访问，用户遍及全球，除美国外，还在加拿大、英国、法国、德国、意大利、奥地利、西班牙、澳大利亚、日本、韩国、巴西等国家建立了在线拍卖平台。eBay上交易的商品，从古董、邮票到宝石、首饰，从玩具、书刊到电脑、电器，应有尽有。eBay网上目录中开列了几百种、上千万件商品，全年交易额达数十亿美元，毫不逊色于任何一家特大型百货商场。

eBay的交易过程并不复杂。人们首先在网上注册成为其成员，输入自己的姓名、住址、电话和电子邮件地址，以后就可以做卖主或买主了。买主不需要向eBay缴纳任何费用，卖主则要交纳少量物品上网手续费（收费标准见表1—1），若货物成交再交相当于成交金额1.25%～5%的交易佣金，在4周之内结清。为方便交易，卖主可以在eBay开立自己的结算账户。卖主通过国际互联网把自己不再需要的旧货名称、底价输入eBay的网页，作一些宣传性介绍，甚至附上图片，在一定时间内供人们竞价购买，到期限截止时与出价最高的买主成交，按照双方商定的方式付款、交货。

表 1—1 eBay 的物品上网手续费标准

起价或保留价	收费标准
$0.01～$9.99	$0.30
$10.00～$24.99	$0.55
$25.00～$49.99	$1.10
$50.00～$199.99	$2.20
$200.00 以上	$3.30

（资料来源：www.ebay.com）

为了帮助买主以适当的价钱买到他们中意的货物，eBay 还提供一种自动代理报价（Automatic Proxy Bidding）服务，买主只要把自己打算出的最高价输入，一个被称为“小魔术师”的智能代理软件就会自动替买主跟踪报价情况，按照加码幅度加价，直到实际报价超过了买主授权的最高价。这种服务可以使买主以更合理的价格买到商品。举例来说，买主可能准备出 2 000 美元买一件古董瓷器，但在竞购不踊跃时，可能报价达到 1 200 美元时就无人竞争了，这样“小魔术师”随时跟踪竞价情况，就使该买主能以 1 200 美元买到这件古董瓷器，节省 800 美元，不必一次报出 2 000 美元的最高价格，其他买主也无从知晓该买主的最高限价是多少。

为方便买主上网后迅速找到自己感兴趣的物品，eBay 设计了多种寻找物品的途径，除了可以按商品类别寻找物品外，还可以按上网时间或竞价激烈程度查找物品。对于在 24 小时之内刚刚上网的物品，标识为“新货”（New）；对本日截止竞价的卖品，标识为“最后一天”（End Today）；对于在 3 小时之内就要截止竞价的物品，更标识为“Going，Going，Gone”以免顾客错过最后参与竞价的机会；对收到超过 30 项报价的物品，打上“热销”（Hot）的记号，以引起顾客的注意；对附有图片介绍的货物，在目录里标识为“附图片”（Pic），顾客可以“一睹为快”。

eBay 经营成功的秘诀，在于找到了一个很好的市场切入点，充分利用了互联网联系广泛，不受地域和国界限制的特点，可以在非常广阔的地区为新旧物品（特别是具有收藏价值的物品）寻找潜在客户，从而使物品增值，又考虑到买主和卖主的需要，为他们提供了诸多方便和一定的交易信任机制，因而受到了人们的青睐。

相关知识

一、电子商务的含义

电子商务可分为狭义电子商务和广义电子商务。狭义的电子商务是指以现代网络技术为依托进行物品和服务的交换，是商家和客户之间的新型联系纽带，这一概念包含英文中 Electronic Commerce 的全部和 Electronic Business 中的有偿服务部分。广义的电子商务是指以现代网络技术为依托进行的一切有偿商业活动和非营利业务交往或服务活动的总和，这一概念包含英文 Electronic Business 的全部内容，包括电子政务和企业内部业务联系的电子化、网络化。狭义与广义电子商务的区别在于前者是有偿的、交易性质的；后者则在前者的基础上又增加了无偿的、服务性质的业务。

电子商务融合了互联网能达到的广阔领域和现代信息技术的巨大能量，它是动态的、交互式的、时空范围广阔的商务模式，它利用网络节点将客户、卖主、供应商和雇员以一种前所未有的、规模空前的方式联系起来。简而言之，电子商务利用电脑网络有效地把有价值的信息和需要这些信息的人联系起来，形成了价值增值链。

二、电子商务的内容

电子商务从企业来看就是将企业的核心商务过程通过网络节点联系起来，以便改善客户服务，减少流通时间，降低流通费用，从有限的资源中得到更多的收获，最终卖出商品。它提供了与传统经营方式不同的一种新机会、一组新需求、一套新规则。对一般企业经营而言，电子商务包括的内容有：业务信息交换、售前售后服务（提供产品和服务的介绍、产品使用指南）、销售、电子支付（电子资金转账、信用卡、电子支票、电子现金）、运输（依托条形码和密码技术对实物商品发送和运输实行网上跟踪以及对可电子化传送的多媒体产品的实际发送）、组建虚拟企业、厂商和贸易伙伴共享商业信息等。

电子商务可以提供网上交易和管理等全过程的服务，包括广告宣传、咨询洽谈、网上订购、网上支付、电子账户、服务传递、意见征询、业务管理等各项内容。

三、网络营销的特点及影响

1. 网络营销的含义

网络营销是指利用网络通信技术进行营销的一种电子商务活动。随着互联网和电子商务应用的迅速普及，网络营销也迅速兴起并快速发展，且成为电子商务加速推广的重要推动力。

网络营销不限于厂商为客户提供商品和服务信息，而是贯穿于厂商与厂商之间、厂商与消费者之间的商品买卖、产品促销、商务洽谈、信息咨询、广告发布、市场调查、付款结算、售前售后服务、技术协作等全方位的商业交易活动。它使营销活动的范围扩大到全世界和虚拟的网络空间，使营销活动的时间延长到每天 24 小时、一年 365 天。

2. 网络营销的特点

网络营销具有全球性，可以使企业营销活动拓展到最大市场范围，接入互联网就意味着进入了这个巨大的全球市场，互联网将成为商家进行市场扩张的最佳工具。当然，企业必须考虑这种营销环境的变化，研究如何开发这种新型营销方式的巨大潜力，确定合理的营销战略。网络营销的全球性为国际贸易提供了方便，帮助世界范围内的进出口商建立直接联系，出口商可以在网上发布商品信息，图文并茂地展示供应商品；进口商需要什么商品可通过 E-mail 及时联系成交。

网络营销具有交互性，可以提高企业的快速应变能力。现代企业的经营活动向规模化、全球化发展，如何提高企业的应变能力，尽快开发或组织适销对路的产品以满足消费者需求，是决定企业成败的关键。“市场如战场，信息决胜负”，这是日本松下电器公司的座右铭。因为仅有市场没有适销对路的产品的企业是没有竞争力的。企业为了了解市场动向，了解消费者对产品的意见和要求，传统的市场调查方式通常是：（1）调查人员在现场进行观察；（2）将预先准备好的调查表格交给被调查者填写；（3）通过小规模的试验来了解产品及发展前景，如试用、试穿、试吃或在某一地区试销，从而了解新产品是否受消费者的欢迎；（4）对现成的销售数据和用户资料等进行分析研究。以上几种传统的市场调查方式固然可以为企业提供一些反馈信息，但时效性差，受调查的对象面窄，无法适应瞬息万变的大市场的需要。互联网营销不仅有提供消费者反馈信息的广阔天地，而且它的交互性及快速信息传递，可让企业及时地、广泛地听取消费者的意见或建议。互联网可以实现买卖双方的相互交流，对生产企业来说，可根据消费者的要求及时改变产品设计，开发新产品，直接提供各种交互式服务；对商业企业来说，可根据消费者需求组织货源。由此可见，互联网的交互性可提高企业对市场变化的快速反应能力。

网络营销的定制化有助于实现以消费者为中心的营销理念。企业提供的各种销售信息可以在服务器中集中存储，但它们仍然能独立运行、存入或输出。这样，企业可以以消费者为中心处理商品信息，有针对性地推销自己的产品，能克服传统促销方式把消费者不喜欢的商品强行推销给消费者所造成的引发消费者反感的缺陷。在网上推出的各类商品目录，可以让消费者比较挑选，从而迅速、经济、实惠地达到采购目标。

网络营销的互联性可加强企业间的协作关系。利用内联网（Intranet）与外联网（Extranet）技术，各企业可在内部信息安全的基础上共享相关数据信息，协调管理项目，增加企业协同开发新产品的机会和联合提供优质服务的能力。一个产品的设计和开发制造，可以由不同的企业协作共同完成，先在联网的计算机上单独完成各个部分和环节，再进行组合完成。互联网的这种特性尤其适用于技术难度大、投资大、风险大的国际合作开发项目。协作单位可通过远程会议等交流，因而能大大缩短设计周期，节约差旅费开支，从而降低产品成本。

网络营销的平等性营造了相对公平的市场竞争环境。在传统的营销活动中，由于受地理环境、配备设施、店面大小、市场规模、交通状况等因素的影响，各商家的营销效果和经营状况差别巨大。这种不平等的竞争环境会影响企业的竞争力，形成市场垄断。采用网络营销时，因为任何厂商都可以自由地在网上开设虚拟商店，其商品展示是全方位的，不管这种商品来自何方，展示的机会是均等的，不受时空限制。就消费者而言，任何人都可以通过互联网随心所欲地去浏览网上任何虚拟商店里的任何虚拟商品，并进行“货比三家”，从而确定自己的购买行为。由此可见，网络营销方式对任何厂商和消费者都是平等的。在互联网上进行商务活动的厂商不是靠组织机构的大小参与竞争，而是靠提升服务价值、服务质量和信誉来取胜。

网络营销的商品多、成本低。网络营销的商品不受限制，只要网络服务器有足够容量，送货等售后服务能跟上，网络营销的商品就可以包罗万象。一家网上虚拟商场往往可以提供几十万、上百万种商品，甚至还有各种服务项目，如飞机票、电影票等都可以经营。

网络营销只需要设立一个虚拟商场（由一台网络服务器承担）或一个虚拟商店（由一个主页承担并将它连接到租用的网络服务器）就可以了，企业所要推销的商品的外形、性能、用途、价格、售后服务等信息都存储在网络服务器上。传统的店面租金相当昂贵，特别是黄金地段更是寸土寸金，而购置一台联网服务器设备的费用就要低得多。“虚拟铺面”中摆放多少商品几乎没有什么限制，而且经营方式也很灵活，既可以做批发商，也可以做零售商。亚马逊（Amazon）是全球最大的网上书店，经营的图书达 100 多万种，若要把这些书在传统书店里进行展示，那几乎是不可想象的。传统商家为压低进货成本，往往采用批量进货的方式，这不仅会带来相当大的资金压力和经营风险，而且库存商品的盘点、存放、保管、养护等各个环节都需要投入人力、物力和财力；而虚拟商场没有实物库存，可节约仓储开支。虚拟商场同时兼备了促销功能，其“货架”上的商品同时又是广告宣传的样品，经营者因此就节省了广告费用。另外，厂商营销人员减少、纸质广告资料的减少均可降低营销成本。

网络营销实际上是一种直销方式，因而可以减少商品流通的中间环节，如批发商、零售商等。传统营销方式中虽也有直销方式（上门推销商品），但盲目性较大，成功率不高。而厂方自己开设专卖店，虽可克服上述的盲目性，但需要租用实体店面，会增加开支，营销成本的降低幅度有限。

四、网上交易对企业的影响

1. 降低营销成本

尽管建立和维护公司的网站需要一定的投资，但与其他销售渠道相比，网络营销的成本明显较低。有研究表明，使用互联网作为广告媒介，进行网上促销活动，其结果是增加10倍销售量的同时，只花费传统广告预算的1/10；研究还表明，采用网上促销的成本通常只相当于直接邮寄广告花费的1/10。

网上色彩斑斓的图像效果比彩色印刷并散发促销材料的做法会节约成本。以美国一家出售辛辣调料的零售商（HotHotHot）为例，如果按照传统方式印制彩色产品目录而不是在网上展示产品的话，该公司预计其促销成本会从每月100美元提高到每月5万美元。坐落在美国宾夕法尼亚州的安普公司（AMP）曾经花费800万美元印制产品目录，而现在该公司将所有7万项产品在互联网上展示，大大降低了成本，销售量却大幅度增加。除此之外，精心设计的网上商品目录和检索功能将大大方便客户准确迅速地查找到所需要的设备零部件，而纸质产品目录却很难做到这一点。

2. 更有效的客户服务

在网上介绍产品、提供技术支持、查询订单处理信息，不仅可以解放公司自己的客户服务人员，让他们去处理更为复杂的问题，调整与客户的关系，而且使客户更满意。公司收集和存储客户和产品信息，建立数据库，通过数据挖掘开发利用这些信息。除了提高客户的满意度外，公司利用互联网进行客户服务也可以从联机订单跟踪、下载软件和提供技术支持信息等方面节省开支。

企业采用网络提供有效的客户支持服务可以大量减少电话咨询的次数，节省大量开支和人员投入。例如，美国联邦快递公司（Federal Express）通过设立网上查询服务系统，使客户可以随时跟踪快递包裹的运输情况，客户每次查询只花费公司0.1美元；如果相同的查询工作由服务人员通过免费电话来做的话，客户每次查询将花费公司0.7美元。由此可以看出，企业向客户提供网上支持服务来代替电话咨询可以为公司节省大量的开支。

3. 提高销售能力

在传统销售方式下，随着订购量的增加，公司要增加销售人员。但互联网上的业务可以在很少或根本没有追加费用的情况下增加新的客户。这是因为其销售功能寓于计算机服务器中，而不是具体的仓储地点或销售人员，它对查询和订货的响应仅仅受到服务器容量的限制，而且服务器处理订单的效率是人工所无法比拟的。

互联网也可以使传统的销售组织形式，如分级批发渠道、分类销售和广告宣传等更为有效。由于具有自动订购功能，销售代理人可以把更多时间花在建立和保持客户关系上；电子分类目录可给出比纸质分类目录更多的信息和选择方案；直接面向市场的联机服务可缩短再采购周期，并增加销售附带产品的能力。

波音公司的零配件业务部于1996年11月在互联网上开辟了网上业务，允许世界范围的航空公司客户查找配件规格型号、询价、订货以及查询订单的执行情况。不到一年，大约有50%的客户在网上订购了占零部件订货9%的部件，更多客户进行了服务查询，在数据录入人员未增加的情况下，波音公司的零部件月发送量增加了20%。

4. 创造新的销售机会

在互联网上的企业进入了一个新的市场，这个市场是通过传统的人员促销和广告宣传所无法有效进入的。原来销售人员不足的供应商现在也可以在网上寻找买主，介绍产品；同样，通过在网上提供定制服务，卖主可能会建立一个全新的、有利可图的市场。例如，在Dell公司网站采购产品的客户，有80%的消费者和一半的小公司过去从未购买过Dell公司的产品，有1/4的人说，如果不是因为有这一站点，他们将不会进行这次采购。

由于世界各地存在时差，进行国际商务谈判往往不方便。对企业来讲，提供每天24小时的客户支持和服务费用相当昂贵。然而，网上信息服务不同于人员销售，它可以实现24小时的在线服务。任何人都可以在任何时候向网上企业查找信息，寻求问题的答案，若没有理想的答案，还可以发出电子邮件进行询问。即使不了解该公司的网址，也可通过网上的各种搜索引擎输入关键字查找。企业的网址作为永久性的地址，为全球的用户提供不间断的信息源。

如果24小时的网上交易能与企业原材料的采购、产品制造过程的电脑网络连接起来，无须人工干预，那么网上交易的交易成本会大大降低。在线式商店能够全天24小时，一年365天经营，而在传统市场上的实体店铺却很难做到这一点。由于电子商务是24小时全球运作，网上业务可以开展到传统人员销售和广告促销无法达到的市场。

5. 网上交易对消费者的影响

电子商务对消费者最明显的影响莫过于消费者在网络上能直接面对所有的相关商家，使得消费者能最大限度地进行比较和挑选，大大提高了消费者的购买效率。通过网络和浏览器，消费者可以足不出户看遍世界，网上搜索功能可以方便地带顾客货比多家，身临其境地浏览各类产品，既可以购买书籍、食品、电视机等实物商品，也能买到信息、录像、录音、数据库、软件等知识产品，还能获得如安排旅游、网上诊疗和远程教育等服务商品。消费者将能以十分轻松自由的自我服务方式完成交易，从而使消费者对服务的满意度大为提升。

6. 网上交易对金融机构的影响

在电子商务的结构系统中，银行是重要和必不可少的角色，银行负责贸易活动的结算，甚至还要负责商家与消费者相互的认证问题。电子商务对银行带来的影响主要有：

(1) 安全性的要求提高。

电子商务交易要求银行采用更可靠的技术和政策手段为贸易提供电子化资金收付机制。银行应该能够给顾客和厂商的网上交易创造一种安全环境，使它们不必担心收付风险，保护厂商免受欺诈或赖账损失，同时，顾客也不必担心自己的信用卡会被盗用，消费者个人隐私和个人信息不会泄露。

（2）支付有关的系统集成。

在信息化进程中，银行业一直是新技术应用较早的行业之一。大多数银行都拥有自己建立在专用网上的业务系统，并且业务模型和流程都已相当成熟。但在电子商务条件下，银行需要将企业已有的软件和硬件环境与贸易环节中的其他部门进行衔接和集成。例如在BtoB方式下，原来的信用证结算方式并没有大的变化，但在技术上需要通过专用的软件和技术将支付系统集成到企业之间的贸易环节中去，使企业只需要考虑它们之间的交易而不用考虑与结算和支付相关的细节。在BtoC交易中，银行原来通过信用卡、支票等方式进行支付的手段也仍然可行，但要移植到互联网上，使个人的支付实现电子化，这就需要银行把个人的支付连接到企业的网上商店中去，这一移植在技术上有较高要求。

五、网络营销方式

网络营销一直是一个热门话题，网络营销的方式也越来越多样化，其营销方式更多地体现在沟通与传播上，向消费者传播的是企业信息、产品信息、品牌信息、营销信息等。

1. 博客营销

中国已经在几年前就进入全民皆博的时代，如QQ空间、51空间、开心网、人人网、天涯博客、新浪博客、网易博客、百度空间，等等，博客的应用已经非常广泛。博客是Web Log的缩写，即网络日志，最开始只是用来与其他网民分享自己的状况的一种应用，可以在博客上写下自己的心情、日志、经验等，也可以上传自己的图片、相册甚至是录音、视频等。利用博客的特点，许多公司也都展开博客营销，通过建立公司自有的博客，发布公司简介、产品介绍、产品图片等，同时还能在博客上与消费者进行互动交流，收集消费者的意见和建议。通过在博客中按照内容和博主的兴趣定向投放广告、为博主免费提供产品试用，进而邀请博主发表对产品的感受和评价、邀请博主参观企业、与博客运营商合作推出博客页面装饰性的工具等方式传播企业信息。投放广告无疑是最简单的形式，但如果能够获得博主的认同并撰写对企业和产品有利的文章，则可以实现口碑传播的效果。另外，企业自己设立博客也不失为一种好的传播方式，当前一些企业在企业博客中与消费者的互动问答也已经收到了不错的效果。

博客营销可以分成以下两种方式：

（1）建立官方博客，通过官方博客发布公司相关资讯，与消费者互动。

（2）寻找相关专业博主，邀请其对公司产品进行评测、评价等。

案例1.1

作为奥林匹克运动会的长期赞助商，可口可乐在2005年意大利的都灵冬奥会期间，发布了一个对话交流式的营销网站，叫做“Torino Conversations”。该网站上开放有Podcasting、发布图片、读者评论等功能，并付费招募分别来自中国、德国、意大利、加拿大、澳大利亚和美国的6名大学生，从冬奥会观众的角度，以博客的形式实时报道冬奥会，并宣传可口可乐产品。这个博客团队相当于可口可乐公共关系部门下的一个团队，尽管他们并不是可口可乐公司的雇员。

可口可乐公司的博客营销策略可谓具有前沿性。目前，美国不少企业为了在传统营销的基础上增加博客网络营销计划，尝试雇用兼职和全职博客宣传企业活动。如荷兰观光局就付费给25名博客写手，让他们参加阿姆斯特丹新闻发布招待会，这些博客写手由专门服务于博客和广告商的博客网络 Blog Ads Network 统一招募。Visa USA2005年也发布了一个类似的网站，鼓励奥运会爱好者发布关于奥运会的博客。该网站在技术功能上比可口可乐的站点更加先进，除了允许 Podcasting、发布图片、读者评论，还可以使用图片管理分享网站 Flickr. com 的图片共享服务及视频博客服务。

微博就如一句话新闻，简单精练、喜怒皆成文章，可通过电脑或手机随时随地传递最新信息，是建立自己商圈和人脉的重要方式。微博这种快速便捷的社交小媒体，能第一时间分享有价值的资讯、第一时间了解客户的需求、第一时间为客户提供答疑和服务。

2. 论坛营销

论坛的树状结构可以产生良好的传播效果，在论坛中开设企业或品牌专区，有目的性和方向性地提出话题并组织话题讨论，邀请消费者参与并给予精神上的鼓励，都可以实现传播目的。实际上，很多企业都很重视论坛的传播效果。在论坛设定话题和引起话题讨论无疑是最直接的办法。实际上，现在已经出现了专门的论坛营销服务，服务企业称之为“论坛营销”。以 BBS 为主的网络社区或论坛多如牛毛。要在 BBS 这种社区上取得较好的营销效果，其实质就是在一定分类的论坛中定向、定量地设定话题和引发讨论，其核心在于话题的吸引力和关注度，通过一定的文字导向诱使论坛用户参与话题的讨论，并且引导话题讨论向着有利于企业的角度发展。这种传播方式的受众就是论坛用户，讨论话题的深度、参与用户的数量、论坛话题制造的数量、论坛的数量都是具体的考核指标。

论坛的主要功能是分享而不是广告，所以我们必须毫不吝啬地分享我们的最新经验或我们独特的生活感受，让看帖子的人有所收获，在论坛上不断发布纯粹商业广告的帖子是不受网站版主和网友欢迎的，是典型的垃圾信息。我们要做的是在分享自己的经验时“不小心”以自己的公司及产品作为案例，从而达到我们的宣传目的，潜移默化地灌输我们的产品信息、企业理念及品牌文化。

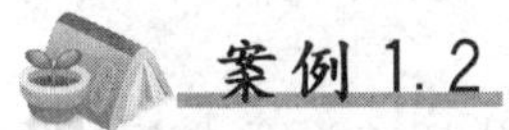

案例 1.2

贝因美年度论坛营销

自从“三鹿奶粉”事件暴露以来，奶粉丑闻风波不断，导致国内消费者谈奶粉色变，论坛里面关于奶粉的文章更是数不胜数。据专业论坛搜索引擎显示，一年之内奶粉相关文章数量就达到了1 450 000篇，随着奶粉的全面涨价，目前论坛中针对奶粉企业的指责也增多。主要的话题集中在以下几个方面：

(1) 询问、求助，对于奶粉的选择问题。

(2) 分享，对于宝宝成长及护理层面的奶粉选择。

(3) 疑问，对于使用的某些品牌奶粉的疑问。

(4) 点评，具有针对性且专业的对某些品牌奶粉的点评。

由于缺乏积极引导，导致论坛上信息比较繁杂，褒贬不一。贝因美对消费者心理进行了分析，发现大多数消费者都是看品牌、价格、成分，很少有关注奶源的，于是贝因美决定以“奶源不了解就敢买奶粉?”为切入口制造话题，顺势推出“冠军宝贝奶粉奶源品质如何?”的系列帖子，这些帖子在各大论坛迅速铺开。同时贝因美也加强了“冠军宝贝奶粉”营销活动的攻势，双管齐下。

在活动中期，贝因美与天涯论坛、红孩子论坛、新浪等权威论坛或网站合作，进行用户最青睐的婴儿奶粉评比，贝因美在排名中名列前三，是唯一的国产品牌，借助评比事件进行有效的论坛传播。在活动后期，贝因美还进行了论坛口碑管理和论坛监测，对网民进行有意识的引导，收到了显著的效果。

贝因美论坛营销的成功之处在于两点：一是巧妙设计了题目及文章，借助大众感兴趣的内容形成广大用户的关注；二是在活动传播中运用贴图、争议性话题等内容，保持文章的关注度以及网友的参与热情。最终，贝因美的营销以显著的效果告一段落。

3. 网络广告营销

网络广告具有表现手段丰富、内容种类繁多、互动性良好、灵活性高和便于测量分析等特点。网络广告的目的主要有提高品牌知名度、产品信息传递、促进销售、公关维护等。目前网络广告按照其表现形式主要分为以下几种。

(1) 品牌图形广告。

1) 通栏/半通栏广告、Banner 广告：它是占据主要页面宽度的图片广告，具有极强的视觉效果，以宽横幅大尺寸为主，可出现在各级网页中。

2) 按钮广告：一般是小型 jpg、GIF 或者 Flash 格式的网幅广告，图形尺寸较小，可以放置在网页上的任意位置。

3) 摩天大楼广告：也叫擎天柱广告，一般利用网页左右两侧的竖式广告位设计的广告形式，是巨幅广告的一种。

4) 对联广告：以长纵方式出现在页面两侧，相互对应的广告形式。

5) 画中画广告：新闻内容页面中出现的大尺寸图片广告，用户阅读新闻的同时也会关注该广告，是在新闻的最终页面里插入的广告。这种广告主要是以新闻内容为基准进行语义分析，然后投放相应广告。

6) 弹窗广告：可以是图片，也可以是图文介绍，一般是在用户访问网页时弹出的广告。

7) 焦点图广告：一般是 Flash 形式的广告，大多出现在首页、分频道首页或者专题页面首页等地方，出现位置一般在网页主体内容的左上角或者右上角。

8) 背投广告：一般是在页面打开或者关闭的同时弹出一幅较大尺寸的、完全载有广告的新页面。

(2) 文字链广告。

文字链广告以一行文字作为广告，点击之后进入相应广告页面，是一种对浏览者干扰最小的广告形式。

(3) 网络广告的选择与投放。

1) 网站选择。

网站主要有门户网站、垂直网站、论坛、个人网站等形式。门户网站涉及多方面内容，包括新闻、体育、娱乐等诸多方面。其受众广、流量巨大、品牌效应好，但同时其广告投放价格昂贵，在门户类网站投放广告的主要作用在于品牌宣传，需要有雄厚的资金和长期的投入，一般中小企业无力承担如此高的广告投入。在网站上做 Banner、Flash 广告推广，是一种传统的网络推广方式。此类广告的宣传目标人群比较广，不像搜索竞价那样能锁定潜在目标客户群。目前，网站广告是国内新浪、搜狐、网易等门户网站主要的赢利方式之一。

垂直网站专注于某一方面，如专注于新闻或者专注于体育等，这类网站的目标受众清晰、流量也较大，其广告报价因网站而异。中小企业可以找到行业内排名靠前的网站，联系广告投放事宜。

论坛主要是用户互动和交流的地方，现在大中型网站一般都会建有论坛。公司可在相关论坛投放广告或者举办活动。

个人网站有大有小，主题不一，发展良莠不齐，公司可通过广告联盟筛选优质个人网站进行广告投放。

2）广告投放。

如果是新产品、新品牌，则初期的广告投放主要以提高产品、品牌知名度为主，广告创意应强调品牌核心。3～6 个月的品牌导入期之后进行产品信息传播，进行销售促进类广告投放，此时的广告创意应以产品特性（产品差异化）介绍为主。

3）网络游戏植入式广告。

网络游戏植入式广告是一种潜移默化的信息沟通和传播手段，在网络游戏中植入品牌信息、产品信息，可以接触到大量网民。最佳的方式是体验式、互动式的信息传播，如将产品信息按照游戏情节植入，使消费者在游戏过程中了解产品的性能和特殊利益。此外，还可以将信息与游戏故事融合在一起，用故事在消费者心中留下深刻印象。例如，在赛车游戏中，米其林轮胎出现在赛车配件库之中，游戏角色选用米其林轮胎，可以看到与现实完全相同的轮胎技术参数，能够感受到米其林轮胎在游戏中的优异性能，从而使玩家通过游戏了解米其林，认可米其林，而且这种类似于真实的感受对玩家的影响力远远超过传统的信息灌输效果。

可口可乐在网络游戏《魔兽世界》之中作为神奇魔水出现，游戏角色饮用后可以立刻恢复体力，提高作战能力，也给予玩家一种隐含着“喝可口可乐，要爽由自己”的品牌联想。

2005 年，浙江绿盛集团的“QQ 能量枣”被直接设计到天畅科技的《大唐风云》游戏里，是游戏中最具神效的“全能补品”，游戏人物“食用 QQ 能量枣”既能补充体力，又能补充灵力，是网络游戏营销传播的典范。

4. 搜索引擎营销

“得网络者得天下”所引申的下一句应该是“得搜索引擎者得天下”，企业在开展网络营销的过程中，90%以上的客户均来自搜索引擎。每个搜索引擎都是一条引领客户通向企业网站的金光大道。在运用搜索引擎的过程中，有两种策略可供选择，即推式策略和拉式策略。

推式策略是指企业的营销人员通过免费的注册搜索引擎、交换链接或付费的竞价排名、关键字广告等手段，使自己的网站网址被各大搜索引擎收录到各自的索引数据库中。拉式策略是指企业的营销人员用搜索引擎搜索外部的信息，通过对这些信息的跟踪、整理和分析，判断自身网站在同类网站中的竞争地位，发现自身网站的优势与不足，提出改进方法。

百度、谷歌的固定排名、竞价排名是目前广泛使用的推广方法，极受中小企业的青睐。值得一提的是，采用搜索竞价营销方法，初期的推广费用不是很高，大多数企业都能够付得起，而且具有一定的精准度。这也是为什么谷歌、百度等搜索引擎服务商能大把赚到钞票的原因。

5. 发布媒体文章（新闻报道或公关文章）

企业新闻营销是网络营销的最高境界，新闻对企业宣传、产品营销和品牌提升的作用不言而喻。当公司的新闻或者产品信息出现在网络主流媒体上面，消费者将会关注公司。一篇优质的软文，不仅可以让网站获得大量的流量，还可以树立公司在顾客或对手心目中的形象。但前提是，软文必须要有“杀伤力”，才能够不断地吸引他人来阅读。因为优质，还常会被其他网站编辑转载，这样效果就更明显了。对大多数公司来说，首先面临的一个问题就是，需要有对行业或市场了然于心的文笔高手写出像模像样的软文来。值得提醒的一点就是，如果软文写得不好，则会被读者所厌恶，所以在发表软文之前，要仔细修改，确保它们能起到较好的宣传效果。

6. 社交网络服务

社会性网络服务（Social Networking Services，SNS）的特点是平台上的用户互相信任度较高，有效解决了互联网的信用问题，从而使得信息传播有效性较高。虚拟社区有非常多的传播机会，传播效果也较好。虚拟社区指的是人物角色类的模拟现实世界的游戏，是网络游戏的一种，但允许消费者自我创造，相比程式化的其他类型网络游戏更能显示创造性，虚拟社区中的虚拟商品和道具都可以成为信息的载体。例如，腾讯的网络社区就是很好的娱乐社区。在腾讯的虚拟社区中，QQ 秀、QQ 空间、QQ 宠物都是良好的传播平台。在 QQ 宠物中，饮料、食品、运动服饰等产品和品牌都可以做成虚拟产品植入其中，让虚拟的 QQ 宠物享用，从而在实际的用户之中形成品牌忠诚。当然，同样的传播机会也适合于其他消费品企业。

国内主要的 SNS 服务提供商是人人网和开心网。就目前来说，公司直接在这上面投放广告不太可能，但可以通过团队运作来将公司信息和产品信息传播出去，费用会比直接投放广告节省很多。这种推广方式可以与软文推广结合使用。

7. 无线通信信息

无线通信信息包括短信、彩信、彩图等形式，将企业信息、产品信息、品牌信息等，借用上述形式娱乐化地表现出来，可以获得一定的病毒传播效果，前提是娱乐化要恰当和适合。如今的消费者将一切事物娱乐化的倾向非常明显，各种玩噱头、搞怪等风行，企业要迎合这种风潮，但又要避免在其中受伤。这就需要企业有计划、有目的地实施信息娱乐化。文字和图片创意最好能通俗而又不失高雅。

案例 1.3

无线营销服务企业摩拜美迪将广告以图片、屏保、铃声和游戏等形式植入了国内每年出产的 3 000 多万台彩屏手机里，通常以买断的方式，在一个品牌的每部手机里投放 3～4 个广告，并将 1/3 的广告收入分给手机厂商。魅媒科技则是各类 WAP 网站代理模式的代表。魅媒建立的营销联盟中，WAP 网站以手机门户网站的形式，用免费的内容吸引用户访问，然后利用流量做手机广告，该营销联盟拥有大量的独立 WAP 网站的流量。通过这个庞大的营销数据库，就可以协助广告主实现精准的无线分众营销，实现无线平台上的跨媒体营销。上海聚君则开发出了一种定制广告模式。聚君采取会员制，只针对会员进行广告推送，会员可以自主选择广告种类。

8. 其他网络营销方式

（1）邮件营销。

电子邮件是互联网最基础和最广泛的应用之一。几乎每个网民都会用到 E-mail。早期的 E-mail 营销效果极佳，但是随着 E-mail 服务提供商技术的不断进步和网民对各类广告性质的 E-mail 的厌恶，如今进行无目的式的 E-mail 群发效果并不显著，而且不利于品牌形象的建立。

（2）事件营销。

事件营销是当下最流行、最有效的营销方式之一。事件营销是指通过挖掘甚至制造一些事件来引起网民的广泛参与与讨论，一般需要经历事件挖掘（制造）、维持（引起讨论，引爆流量）、跟进（此时植入产品广告）、最终评测等一系列运作。如“贾君鹏，你妈妈喊你回家吃饭啦”、“犀利哥”、“凤姐”等事件。事件营销的重点在于能否挖掘或者制造有焦点的事件，需要群体智慧，甚至具有一定的随机性。

（3）问答营销。

很多人上网是为了找资料，甚至找答案，有了这样的问答需求便有了问答服务。如“百度知道”、“搜搜问问”、“新浪爱问”、“天涯问答”等主要是通过你问我答这种方式，帮助网友解决问题。问题几乎无所不包，如明星资料、做菜方法、健身知识、公司资料、产品介绍，甚至是小学数学题答案，很多网民已经习惯了到这些地方提问或者解答。利用这种途径，我们可以利用团队运作将公司的信息和产品发布到上面进行问答，提高公司曝光率和可信度。

另外还有病毒式营销、友情链接营销、建立网店，等等。

课堂活动

CtoC 网络平台店铺建设

1. 通过互联网调查并了解主要的 CtoC 平台。
2. 选择一个 CtoC 平台，了解该平台的开店流程及相关规则。
3. 选择合适的货源，策划并开设网上商店（详细列出开店步骤）。
4. 运用所学的网络营销方法及所选平台的推广方法为开设的网店设计初步的营销方案。

分析网络营销环境及影响因素

任务情境

通过案例学习，珊珊同学与她的团队了解了当前网络营销的状况、典型的网络营销方法，对网络营销的兴趣更浓厚了。她们想利用网络营销的分析工具对国内某一网购平台进行更系统深入的研究，这样可以帮助她们在即将到来的营销实战中积累经验。

案例导入

唯品会商业模式

唯品会是广州唯品会信息科技有限公司旗下的 BtoC 电子商务网站，率先在国内开创了“名牌折扣＋限时抢购＋正品保险”的商业模式，加上其“零库存”的物流管理以及与电子商务的无缝对接模式，唯品会得以在短时间内在电子商务领域生根发芽。

目前，唯品会网站云集上千家一、二线品牌商品，囊括名牌服装、鞋子、箱包、配饰、香水、化妆品、奢侈品等品类。在唯品会，顾客能享受安全诚信的交易环境和服务平台、可对比的低价位、高品质的商品、完善的售后服务、跨越时间和空间的完美购物体验。2012 年 3 月 23 日，唯品会成功在美国纽交所挂牌上市，成为华南第一家在美国纽交所上市的电子商务企业。

限时抢购的模式有助于提升商品的新鲜度，唯品会每天用闪购这样的形式可以不停地刺激消费，甚至会让用户“成瘾”。统计数据表明，唯品会用户的重复购买率是比较高的。此外，抢购这种模式具有高频、量大的特点，可以较快处理库存，这既可以增加供货商的销量，也有助于加快唯品会的库存周转速度。

唯品会的高折扣低价格、正品保障对消费者是很有吸引力的，容易形成口碑传播。互联网没有地域限制，在社交网络兴起的时代，这种口碑传播的威力更大，2011 年，唯品会在全国 330 个城市提供服务。

在规模效应开始发挥以后，唯品会与供应商的议价能力增强，毛利率增加，用户和订单增加，库存周转加快，市场营销以及此前的固定支出的边际成本降低。虽然唯品会仍处于亏损状态，但是营业收入增速高于采购成本和运营费用增速，各项财务指标开始朝扭亏的方向发展。

相关知识

一、网络营销环境概述

一般来说，可以将市场营销环境分为两大类：宏观环境和微观环境。宏观环境有时也称为外部环境和组织环境，即间接影响企业营销活动的不可控制的社会力量，包括：人口、经济、政治、技术、社会文化及自然地理等多方面因素；微观环境即指与企业紧密相连，直接影响其营销能力的各种参与者，包括企业的供应商、营销的中间商、消费者、竞争者。

微观环境直接影响和制约企业的营销活动，宏观环境则通过各种微观环境的媒介，间接影响和制约企业的营销活动。网络营销是传统市场营销理论在网络空间的延续和发展，它既要有原有的市场营销的理论基础，又要有自己的创新和发展。

二、宏观环境因素

网络营销宏观环境是指对企业网络营销活动没有直接作用而又经常对企业网络营销决策产生潜在影响的一般因素，是企业进行网络营销活动的大的社会背景，包括政治法律环境、经济环境、社会文化、技术环境及自然环境等。

1. 政治法律环境

网络营销的政治法律环境是指对企业营销活动有影响的政治法律因素，如政治局势、政治制度以及在网络营销方面的方针政策。如：价格管制（专卖）、进口管制、税收政策（退税）、国有化政策等。

就我国而言，网络营销带来的最大挑战不是技术问题，而是政策的一致性和制度框架的设计问题。网络营销的出现，对交易过程中过去适用于传统交易方式的法律、制度均提出了挑战。

为推动网络营销的发展，中国政府在 2000 年 2 月颁布了《中国电子商务发展战略纲要》（以下简称“《纲要》”），《纲要》成为我国企业利用网络进行网络营销活动的指导性文件。《纲要》主要阐述了在全球信息化革命潮流中，我国企业应如何利用网络提高企业竞争力的问题。按此《纲要》，我国建立了营销认证中心，推出了管理办法，批准了一些网络营销的试点，从政策、资金和技术上对其加以扶持和推广。除此之外，还成立了专门机构，负责解决网络交易中经济和商务纠纷的法律仲裁。

随着整个网络营销体系的建立，国内在线商务的竞争环境也会随之完善起来，这将更有利于在线零售企业之间的竞争。整个宏观环境对国内在线网络营销来说是相当有利的，随着网民数量的增长，在线零售业的市场规模也将随之扩大，从而产生规模效益。

2. 经济环境

经济环境是影响营销活动的主要因素，一般包括消费者收入因素、消费结构、政府支出、家庭支出等。从网络营销环境来看，我们可以从宏观角度分析世界各国的经济发展阶段、宏观经济走势、消费者收入水平、居民消费倾向等对网络经济的影响。

经济全球化是社会发展的趋势，这种趋势突破了传统企业在本地组织生产、经营活动和在本地、本国寻求市场和资源的经营模式。信息技术为企业从事经营活动提供了技术平台，这个技术平台突破了传统企业经营活动中的地域限制。在网络环境下，企业可以跨国、跨地区来组织各种生产、经营，在世界范围内规划自己的营销和发展战略。

宏观经济环境包括经济体制、经济增长、经济周期与发展阶段及经济政策体系，也包括国民的收入水平、市场价格水平、利率、汇率、税收等经济参数与政府调节取向，更具体的经济因素有居民收入来源、可自由支配收入所占比例及支出结构等。市场由有购买力的人口构成，而社会购买力受宏观经济环境的制约，是经济环境的具体体现，它取决于现有的收入、价格、储蓄及借贷情况。营销人员的各种营销活动都以经济环境为背景，能否适时地依据经济环境进行市场决策，是营销活动成败的关键。

现阶段的中国互联网，其普及程度是与各地的经济发展水平密切相关的，经济发展水平对大众是否选择互联网起到了相当重要的作用。网络营销不仅需要网民，还需要有强劲的购买力。在一定经济条件下所具有的购买力取决于收入、价格、储蓄、信贷等情况，企业必须特别注意收入与消费模式变化的主要趋势。

3. 技术环境

科学技术对经济社会发展的作用日益显著，科学技术是生产力，而且是最强大的生产力，是影响人类前途和命运的最大力量。技术的进步对市场营销的影响更是直接而显著。科技进步不仅改变生产力和生产方式，推动产品开发，影响生产要素的功能和利用率，同时也影响中间消费和最终消费。网络营销是以网络信息技术为基础的营销活动，它的发展必须以网络环境的完善及网络技术的发展为前提。互联网的普及和有关各项新技术对行业与企业的经营所具有的特殊影响，要求网络营销人员必须密切注意技术环境的新变动，熟知其所提供的服务，了解互联网的优越性和局限性，使其能更好地为网络营销服务。

（1）电子邮件（E-mail）。

电子邮件是用户或用户组之间通过互联网进行联系的快捷、简便、高效、廉价的现代化通信手段。发送方可以通过互联网将电子邮件在短短几秒钟时间内发送到世界各地的接收方服务器上，可以传送文字、图像、声音、视频等多媒体信息，是人们使用互联网进行信息传递的主要途径。

（2）WWW 服务。

WWW 服务又称为万维网服务，又称 Web 服务，是目前互联网上最流行和最受欢迎的信息服务项目。它把分布于全球互联网上的各种类型的信息有机地联系起来，通过浏览器软件提供一种友好的、统一的信息浏览界面。

（3）文件传输（FTP）。

文件传输是指用户通过访问服务器实现文件的异地读取，不受地理位置、连接方式及操作系统的约束。

（4）远程登录（Telnet）。

远程登录是指用户连接到远程另一台计算机上，能在自己的本机上操作和使用远程计算机，获取自己所需要的信息资源。

（5）电子公告栏（BBS）。

电子公告栏类似于现实生活中的公告栏，允许每个人阅读其中的内容及其他网友发布的信息，也可发表自己的见解和主张。另外还有 Gopher 信息查询服务、Archie 信息查询服务、网络新闻组服务（Usenet）等。

4. 社会文化环境

社会文化主要指一个国家或地区的民族特征、价值观念、生活方式、风俗习惯、伦理道德、教育水平、语言文字等的总和。社会文化环境是指消费者的文化教育、职业、社会阶层、宗教信仰、传统习惯、价值观和审美观等因素。这些因素都会影响需求欲望和购买行为。由于人们在不同的社会文化环境中生活，形成了不同的价值观和审美观，对事物的认识方式和行为准则等方面有明显的差别，从而反映在消费需求上是不同的。社会舆论及各种观念和意识的变化，也会引起消费需求的变化。在营销竞争手段向网络转变的今天，社会文化环境及其影响受到网络营销企业的普遍重视。在这一点上，网络营销所面对的问题与传统营销的处境基本相同。不同的是，网络营销对人们的消费模式有很大的影响，由“面对面”的体验性购买，变成了依靠厂家的文字和图片等介绍和宣传来引发需求、确认购买及支付货款。我国的消费者对网络营销这一新生事物的接受，还有待进一步培育。

5. 自然环境

自然环境是指能够影响社会生产过程的自然因素，包括自然资源、企业所处地理位置、生态环境等。在科技进步、社会生产力提高的过程中，自然环境对经济和市场的影响总体上趋于下降，但自然环境制约经济和市场状况的内容、形式则不断变化。自然状况的最重要的内容是国家、地区自然资源的多寡和优劣，自然资源的可再生与不可再生两类资源，在市场上会充分反映出来。自然环境也包括地形地貌和气候，也会影响生产、消费。此外，由于人类活动在很大程度上破坏了良好的自然环境，保护、恢复自然和生态环境，既会产生市场机会，也会带来环境制约。我国幅员辽阔、物产丰富，地区间的自然环境差异比较大。网络营销和电子商务的出现，在很大程度上改变了供应链下游，即顾客消费的发生模式，只要能够连接上互联网，就可以“寻购天下物”，减少了对自然环境的依赖，同时也减少了生产厂家和商家不必要的中转成本。

三、微观环境因素

企业的营销管理者不仅要重视目标市场的需求，而且要了解企业网络营销活动的所有微观环境因素。微观环境是指与企业网络营销活动直接发生关系的组织和行为者，是企业营销活动直接相关的外部因素。它包括企业供应商、竞争者、营销中介、顾客等。每个企业的营销目标都是在赢利的前提下为目标消费者服务，满足目标市场的特定需求。要实现这个任务，企业必须把自己与供货商和营销中间商联系起来，以便接近目标消费者。

（一）消费者（顾客）

随着现代信息网络的发展，市场营销环境正在发生变化，消费者的购买行为日趋个性化，同时在交易中的主导地位也更加突出。对于与传统的购物活动有所区别的网络购物，企业就更应该加大对网络消费者行为的关注。

1. 网络消费者的类型分析

（1）简单型顾客。

简单型顾客需要的是方便、直接的网络购物。他们上网时间较少，但他们进行的网络交易成功率却很高。销售商或零售商要为这一类型的人提供真正的便利，让他们觉得在网站上购买商品将会节约更多的资金和时间。

（2）前卫型顾客。

前卫型顾客所占比率不是很大，但他们在网络花费的时间却很长，同时他们访问的网页数量是其他网民的几倍，他们对经常更新、具有创新设计特征的网站很感兴趣，喜欢时尚、前卫的东西。

（3）接入型顾客。

接入型顾客是指刚刚接触网络的新手，他们购物不多，喜欢网络聊天和发送免费问候卡。那些拥有著名传统品牌的企业应对这群人保持足够的重视，因为网络新手更愿意相信生活中他们所熟悉的品牌。

（4）议价型顾客。

议价型顾客有一种趋向，即购买便宜商品，他们喜欢讨价还价，并有在议价中获胜的强烈愿望。

(5) 定期型和运动型顾客。

定期型和运动型顾客通常都是被网站的内容所吸引。定期型的网民常常访问新闻和商务网站，而运动型的网民喜欢运动和娱乐网站。

目前，网络销售商面临的挑战是如何吸引更多的网民，并努力将网站访问者变为消费者。网络销售商应将注意力集中在其中的一两种类型上，这样才能有针对性地实施营销。

2. 网络消费者的行为模式

通常情况下，营销人员通过日常销售活动就能很好地了解消费者。随着市场规模的扩大，许多营销经理失去了同消费者直接接触的机会，他们不得不越来越多地借助于消费者调研来回答关于市场的关键问题，这样就形成了传统的“6W1H”的消费者购买行为分析框架。根据传统的“6W1H”框架以及互联网用户上网的特点，网络消费者购买行为分析框架可以用“5W1H”表示。“5W1H”是对网络营销者提出的六个思考问题，可以帮助营销者对目标市场有更清晰的了解，为营销活动的有效开展奠定基础。

3. 网络消费者的购买过程

网络购物是指用户为完成购物或与之有关的任务而在网络虚拟的购物环境中浏览、搜索相关商品信息，从而为购买决策提供必要信息，并实现决策的购买的过程。消费者的购买过程，是消费者需要、购买动机、购买活动和购后评价的综合与统一。网络消费者的购买过程可分为五个阶段：

(1) 确认需要。

网络购买过程的起点是确认需要，即对自己想要购买的商品或服务进行认知。消费者认为已有的商品不能满足需求时，才会产生购买新产品的欲望。在传统的购物过程中，消费者的需求是在内外因素的刺激下产生的，而对网络营销来说，文字的表述、图片的设计、声音的配置是网络营销诱发消费者购买的直接动因，因此，网络营销对消费者的吸引是有一定难度的。这就要求企业或中间商要注意了解与自己产品有关的消费者的实际需要和潜在需要，掌握这些需求在不同时间段的需求程度及刺激诱发的因素，以便设计相应的促销手段，去吸引更多的消费者浏览网页，诱导他们产生需求欲望。

(2) 收集信息。

当需求被唤起后，每一个消费者都希望自己的需求能得到满足，所以收集信息、了解行情成为消费者购买的第二个环节。这时，消费者会利用网络上的各种信息资源，对各商家的价格、服务、质量进行比较，同时通过个人接触等方法来探索所需的解决方案。

收集信息的渠道主要有两个方面：内部渠道和外部渠道。消费者首先在自己的记忆中搜寻可能与所需商品相关的知识经验，如果没有足够的信息用于决策，便要到外部环境中去寻找与此相关的信息。

(3) 比较选择。

消费者需求的满足是有条件的，这个条件就是实际支付能力。消费者为了使消费需求与自己的购买能力相匹配，就要对各种渠道汇集而来的信息进行比较、分析、研究，根据产品的功能、可靠性、性能、模式、价格和售后服务，从中选择一种自认为“足够好”或“满意”的产品。

由于网络购物不能直接接触实物，所以网络营销商要对自己的产品进行充分的文字描述和图片描述以吸引更多的顾客，但也不能对产品进行虚假宣传，否则可能会永久地失去顾客。

（4）购买决策。

网络消费者在完成对商品的比较选择之后，便进入购买决策阶段。在这个过程中，消费者有时还会顾及他人的态度以及意外因素的出现。

与传统的购买方式相比，网络购买者在购买决策时主要有以下三个方面的特点：第一，网络购买者理智动机所占比重较大，而感情动机所占比重较小；第二，网络购物受外界影响小；第三，网络购物的决策行为与传统购买决策相比速度要快一些。

网络消费者在决策购买某种商品时，一般要具备三个条件，即对厂商有信任感、对支付有安全感、对产品有好感。所以，企业应树立良好的形象，改进货款的支付方法和商品邮寄方法，全面提高产品质量与服务质量，以促使消费者购买行为的实现。

（5）购后评价。

网络消费者购买商品或享受服务后，往往会对自己的购买选择进行检查和反省，以判断这种购买决策的准确性。购后评价往往能够决定消费者以后的购买动向，因此，网络营销企业应当在商品宣传上实事求是，以免造成网络消费者购买前期望过高，从而影响购后评价。为了提高企业的竞争能力，最大限度地占领市场，企业必须虚心听取顾客的反馈意见和建议。网络为企业收集消费者的购后评价提供了得天独厚的优势。企业可以利用方便、快捷、便宜的电子邮件，收集消费者对自己以及产品和服务的评价。通过计算机的分析、归纳，及时了解消费者的意见和建议，迅速找出工作中的缺陷和不足，从而制定相应对策，改进自己产品的性能和售后服务。

（二）竞争者

在社会分工存在的情况下，同一产品、服务拥有一定数量的供应者，满足同一消费需求；满足同一消费需求，一般存在若干属性相同、略有差别的产品和服务，因此营销企业在市场上面临着竞争。只要存在着商品生产和商品交换，就必然存在着竞争。企业在开展网络营销的过程中，不可避免地会遇到业务与自己相同或相近的竞争对手。掌握竞争对手的各种信息，研究对手，知己知彼，取长补短，是克敌制胜的好方法。

1. 竞争对手的类型

（1）品牌竞争者。

品牌竞争者是指能满足消费者某种需求的同种产品的不同品牌间的竞争者。当其他企业以相似的价格向相同的顾客提供类似产品与服务时，企业将其视为竞争者。例如，被联想集团视为主要竞争者的是价格相近、档次相似、生产同类电脑产品的方正集团。

（2）产品形式竞争者。

产品形式竞争者是指满足消费者某种愿望的同类商品在质量、价格上的竞争者。企业可以更广泛地把所有制造和提供相同产品、服务的企业都作为竞争者。如联想集团认为自己不仅与其他电脑制造商竞争，还与其他电子产品制造商竞争。

（3）行业竞争者。

企业可以把制造同样或同类产品的企业都广义地视作竞争者。例如，康佳集团可能认为自己在与所有彩电制造商竞争。

(4) 通常竞争者。

通常竞争者是指以不同的方法满足消费者同一需要的竞争者。企业还可以更广泛地把所有争取同一消费群的人都看作竞争者。例如，海尔集团可以认为自己在与所有的生产主要耐用消费品的企业竞争。

2. 研究网络营销竞争对手

识别了网络营销竞争对手仅仅是开始，接着还要进一步分析确定网络营销竞争对手当前的状况和下一步的商业活动，特别是要从与网络营销竞争对手的对比中更深刻地认识自己并制定企业下一步的营销战略。

对网络营销竞争对手进行分析研究，就是要在利用互联网收集信息的基础上重点分析筛选，确定企业在网络上直接的、间接的竞争对手或潜在的竞争对手，然后对它们的网站建设和促销方法进行全面的信息收集、分析与评价，继而建设和完善企业的网站，制定合理的网络竞争策略，以保持在网络竞争中的优势。

(1) 收集与处理信息。

收集网络营销竞争对手信息可以通过访问竞争对手网站的方法来进行。一般来说，竞争对手会将自己的市场活动、服务保障、业务流程和站点建设等重要信息展示在主页上。此外，还可以参与公众性网络媒体，如网络报纸、新闻组讨论等，以便发现潜在的竞争对手和最新竞争动态。

(2) 研究网络站点。

研究网络站点是分析网络营销竞争对手的主要内容。通过对网络营销竞争对手网站的分析研究，可以了解网络营销竞争对手的网站建设、营销策略与手段。

对网络营销竞争对手网站的研究主要包括五个方面：第一，研究其网站总体设计水平。从消费者的角度出发，对网络营销竞争对手网站中页面的图形设计、栏目设置、文字表达、多媒体信息处理等方面进行仔细的观察和体会，看其首页页面创意能否一下子抓住消费者，能否使浏览者产生比较强烈的好感。第二，通过对竞争对手网站的设计理念与方式的分析，研究其业务的开展情况。网络营销竞争对手一般都用自己的网站展示企业的形象和业务信息。通过对其网站展示信息内容进行认真分析，了解竞争对手的企业标志、主要的业务项目、服务内容、开展业务的地理区域，从其提供服务的方法等方面考察其势力范围，从其客户清单中判断其实力和业务开展情况的好坏等。第三，分析研究其网站建设的技术细节问题。网页间的链接质量、传输速度、页面导航规则等都是网站能否留住客户的重要因素。第四，全面考察竞争对手在导航网站、新闻组中宣传网址的力度，研究其选择的类别、使用的文字介绍，特别是图表广告的投放量等。第五，观察在竞争对手网站上有无其他企业的广告，以此来判断该企业在行业中与其他企业的合作关系。

(3) 评估信息处理能力。

对收集到的网络营销竞争对手的有关信息必须及时进行有效的加工处理，建立高效的信息分析处理体系。经过精心考察，将这些信息加以归类，能够对网络营销竞争对手情况有比较清楚的了解，总结出他们在干什么，怎么干，有哪些特点，产品、服务和价格行情等。根据这些数据和信息，编写对网络营销竞争对手的评估报告，据此制定或修改自己的网络营销策略。

（三）中介商（渠道企业）

网络营销改变了传统的营销流程，企业可以通过网站将产品在网上直接销售，不需要传统营销渠道中的供应商、中间商（零售商、批发商和经纪人等），但仍需要一定的中介商即渠道服务机构，如提供储存运输的物流系统。网络营销中，与渠道企业的关系是环境因素的重要组成部分，渠道企业是网络营销整体环境的有机整体。在这方面的营销管理就是供应链管理，供应链将网上企业的采购、生产、营销、服务整合为一体，有效地为网络营销降低成本、开拓市场、提高消费者的满意度。

营销中介是协调企业促销和分销其产品给最终购买者的企业。营销中介主要包括商人，即销售商品的企业；中间商，如批发商和零售商；代理中间商（经纪人）；服务商，如运输企业、仓库、金融机构等；市场营销机构，如产品代理商、市场营销咨询企业等。由于网络技术的运用给传统的经济体系带来巨大的冲击，流通领域的经济行为产生了分化和重构。消费者可以通过网络购物和在线销售自由地选购自己需要的商品，生产者、批发商、零售商和中间商都可以建立自己的网站并营销商品，所以一部分商品不再按原来的产业和行业分工进行，也不再遵循传统的商品购进、储存、运销业务的流程运转。

网络营销一方面使企业间、行业间的分工模糊化，形成“产销合一”、“批零合一”的销售模式；另一方面，随着“凭订单采购”、“零库存运营”、“直接委托送货”等新业务方式的出现，服务于网络销售的各种中介机构也应运而生。一般情况下，除了拥有完整分销体系的少数大企业外，营销企业与营销中介组织还是有密切合作与联系的。若中介服务能力强，业务分布广泛合理，营销企业对微观环境的适应性和利用能力就强。

课堂活动

请以苏宁官网易购为例，通过网络收集该网站相关信息，分析当前苏宁易购面临的微观环境、宏观环境，找出其中的机会和威胁，并提出相应的策略建议。

【思考题】

1. 什么是电子商务？其作用和影响是什么？
2. 什么是网络营销？网络营销有什么优点？
3. 网上交易对企业和消费者行为有什么影响？
4. 网络广告有哪些特点？可通过哪些方式发布网上广告？
5. 社会媒体及消费者制作的内容对厂商的经营会有哪些影响，为什么？
6. 随着无线技术的应用，会出现哪些消费者隐私问题？

【综合实训】

实训目的：通过网络营销的典型应用案例，对我国网络营销的现状产生感性认识，理解网络营销的含义及作用。

实训要求：从CNNIC 2014年1月发布的《第33次中国互联网发展状况统计报告》有关数据中，了解我国网民在互联网上的常见应用及其使用情况（见表1—2）。

表1—2 我国互联网常见应用及使用情况

应用	2013年		2012年		年增长率
	用户规模（万）	网民使用率	用户规模（万）	网民使用率	
即时通信	53 215	86.2%	46 775	82.9%	13.8%
网络新闻	49 132	79.6%	46 092	78.0%	6.6%
搜索引擎	48 966	79.3%	45 110	80.0%	8.5%
网络音乐	45 312	73.4%	43 586	77.3%	4.0%
博客/个人空间	43 658	70.7%	37 299	66.1%	17.0%
网络视频	42 820	69.3%	37 183	65.9%	15.2%
网络游戏	33 803	54.7%	33 569	59.5%	0.7%
网络购物	30 189	48.9%	24 202	42.9%	24.7%
微博	28 078	45.5%	30 861	54.7%	−9.0%
社交网站	27 769	45.0%	27 505	48.8%	1.0%
网络文学	27 441	44.4%	23 344	41.4%	17.6%
网上支付	26 020	42.1%	22 065	39.1%	17.9%
电子邮件	25 921	42.0%	25 080	44.5%	3.4%
网上银行	25 006	40.5%	22 148	39.3%	12.9%
旅行预订	18 077	29.3%	11 167	19.8%	61.9%
团购	14 067	22.8%	8 327	14.8%	68.9%
论坛/BBS	12 046	19.5%	14 925	26.5%	−19.3%

班级学生分组，以小组为单位，每组对3种网络营销应用实例进行分析（对应小组编号，第1组完成第1～3个应用，以此类推），在报告中首先对涉及的网络营销工具及方法加以简单介绍，再评价其在该实例中所起的作用。

案例的选择：优先选取两年以内发生的有突出的创意、实效或者有代表意义的案例。

提交方法：以Word、PPT形式提交，每位同学将文件以自己的组号命名后，提交到所属班级、小组的相应目录。可以使用截屏、文字等方式，涉及网络相关资源的，请设置链接。

项目二

认识网络营销市场

学习目标

1. 掌握网络市场细分的概念和标准。
2. 理解网络市场细分对企业营销的作用。
3. 掌握网络目标市场选择的概念和对企业营销的作用。
4. 掌握网络目标市场定位的内容和思路。

学习内容

1. 进行网络市场细分的原因。
2. 网上消费者市场细分的依据。
3. 网络市场细分的程序。
4. 网络目标市场战略选择。
5. 网络目标市场营销策略。
6. 网络市场定位的内容。
7. 网络市场定位思路。

教学方法和建议

1. 创设情境法。创设营销情境，指导、观察、强化营销的感受性。要求依据教学目的来创设相应的学习情境，诱导学生进入特定的学习境界，通过调动他们的感觉器官、思维器官去捕捉问题，触发主动思考的活力和激情。

2. 案例教学法。此方法有一个基本的假设前提，即学生能够通过对这些过程的研究与发现来进行学习，在必要的时候回忆并应用这些知识与技能。教师引导学生发现问题，分析、解决问题，从而使学生独立地、创造性地完成学习任务。

3. 赏识教学法。在教学过程中，坚持“以学生为本”、“以育人为本”的思想，以欣赏、赞美的心态来对待学生，适当巧妙地夸大学生的优点和长处，使他们感到自己与周围人们在人格上的平等，使他们自己尊重自己，保护自己的人格和尊严不受伤害，进而增强和激发学生的责任感和自豪感，并在学习上不断进步。

4. 分组讨论法。此法是依据“组内强弱搭配，组间能力均衡”的原则，将学员划分为由6～8人组成的几个小组，各组相对集中而坐，方便小组成员间的交流与合作。让学生在相对自由的环境中大胆表达自己的观点，让不同层次的学生都参与到课堂活动中来，借用团体的力量历练个体，增强自信心。

建议课时

任务一：细分网络营销市场　　2课时

任务二：定位网络目标市场　　2课时

网络市场细分、网络目标市场选择和网络市场定位是进行网络目标市场营销的三步骤。网络市场细分是一种把整体市场划分为不同购买者群体的方法。面对复杂多变、购买者众多、分布广泛、需求多样的网络市场，现代企业应在分析研究网络市场环境和网络消费者行为的基础上，有针对性地根据网络消费者的不同需求选择不同的营销战略，即在网络市场细分的基础上选择对本企业最有吸引力、可为之提供有效服务的网络市场部分作为目标市场。

任务一　细分网络营销市场

任务情境

班主任要求电子商务专业的同学必须在淘宝网上开设自己的网店，于是珊珊同学决定与本班同学合伙开一家网店，但开设什么样的网店才能满足网络消费者的需求，才能赚钱呢？通过学习，她了解到网络市场是非常庞大的，仅中国就有3亿多网络购物用户，他们有着各自的心理需要、生活方式和行为特点，对产品的需求差异性很大，某一家企业面对网络消费者千差万别的需求，由于人力、物力及财力的限制，不可能生产各种不同的产品来满足所有顾客的不同需求，而网店也不可能销售各种产品来满足消费者的所有需求。因此，珊珊决定通过网络市场细分的方法来研究网络营销。

案例导入

小米手机市场细分

小米公司成立于2010年4月，是一家专注于高端智能手机自主研发的移动互联网公司，目前已获得来自Morningside、启明、IDG和小米团队4 100万美元的投资，公司估值2.5亿美元。小米拼音是MI，首先是Mobile Internet，小米要做移动互联网公司；其次是Mission Impossible，小米要完成不能完成的任务。

小米没有花费一分钱投放电视广告，而且不通过实体店销售商品。该公司完全以口碑营销展开宣传，取得了不俗的效果，尤其是在中国市场。小米将原本可能用于营销和销售的费用，用于降低产品价格。2013年，苹果在中国的智能手机销量为2 310万部，小米紧随其后，约为1 870万部。但到了2014年第一季度，小米的销量就达到1 040万部，苹果仅为900万部，这也是小米首次在中国市场超过苹果。

1. 地理因素

在当前国外手机充斥中国市场的情况下，小米的横空出世无疑开始打破这一局面，小米手机因其价格低廉，适合中国的大部分地区。

2. 人口因素

在年龄层方面，在18～23岁、23～30岁、30～40岁、40～50岁、50岁以上五个层次中，18～23岁的顾客较注重小米手机的功能和外观；23～30岁的顾客会比较注重小米手机的外观、配置和品牌；30～40岁的顾客比较注重小米手机的服务、功能和品牌；40～50岁的顾客一般较注重小米手机的健康和品牌；而50岁以上的顾客比较注重小米手机的健康和价格。

在性别方面，小米手机男女都可使用。男性顾客对手机的功能、配置方面要求较高，对于小米这个品牌的手机还是比较关注和了解的，大部分男性顾客偏好小米手机的高通双核CPU。男性顾客也较注重个人喜好，如果喜欢的话，大部分男性顾客都会选择刚上市就购买。女性顾客对手机的质量、外观款式方面要求较高，对于小米这个品牌了解程度较低，大部分女性顾客偏好小米手机的红米Note，对价格也相对敏感，大部分会选择降价后再购买。

小米以其低于2 000元的价格，对于收入不是过低的群体，都可以接受；由于其适合年轻人，一般来讲学生和文化程度较高的上班族会选择小米手机。

3. 心理因素

小米手机作为国产的手机，对消费者来说具有亲和力；小米手机以其强大的娱乐功能吸引着消费者；其抑制性消费也吊足了消费者的胃口，引发了消费者的购买欲望；模仿苹果的公关模式，与苹果手机进行比较，满足了消费者的比较心理。

人们都喜欢追求新潮时髦，但收入往往抑制了人们的消费欲望，所以大部分人所希望的产品是在物美价廉的同时不失新潮时髦，小米手机定价合理，设计新潮，充分满足了人们的这些需求。

4. 行为因素

小米手机性价比较高，不满2 000元，却有很高的性能；目前，人们对高端手机的需求较旺盛，因此消费者对小米手机的态度很热情。

相关知识

在对现代营销学之父菲利普·科特勒博士的访问中，有记者问道：“您认为成功的营销战略包括哪些内容?”他的回答是:“只存在一种成功的战略，那就是仔细地定位目标市场，并且直接向该目标市场提供一流的产品或服务。产品或服务在一个或几个方面的独特表现必须是一流的，例如更好的质量、更多的特色、更低的价格或者物超所值。不然，企业的产品或服务就只能是对他人产品或服务的简单模仿，缺乏吸引消费者的特质。”

企业网络营销要取得理想的效果，就得定义自己的目标市场，为自己定义的目标市场中的客户提供优质服务。网络营销市场细分是企业进行网络营销的一个非常重要的战略步骤，是企业认识网络营销市场，研究网络营销市场，进而选择网络目标市场的基础和前提。

一、什么是网络市场细分

网络市场细分是指企业在调查研究的基础上，依据网络消费者的购买欲望、购买动机与习惯爱好的差异性，把网络营销市场划分成不同类型的消费群体，每个消费群体构成企业的一个细分市场。

网络营销市场可以分成若干个细分市场，每个细分市场都由需求和愿望大体相同的消费者组成。在同一细分市场内部，消费者的需求大致相同，不同细分市场之间，消费者的需求则存在明显的差异性。

二、为什么要进行网络市场细分

1. 网络市场细分的原因

(1) 消费者对商品需求存在绝对差异性——形成网络市场细分的必要性。

(2) 消费者对商品需求存在相对同质性——形成网络市场细分的可能性。

(3) 企业利用有限的资源进行有效的竞争——网络市场细分的外在要求。

2. 网络市场细分的作用

(1) 有利于企业分析、发掘新的网络市场营销机会。

通过网络市场细分，企业可以有效地分析和了解各个消费者群体的需求满足程度和网络市场上的竞争状况。发现哪类消费者的需求已经得到满足，哪类满足得不够，哪类尚无适销产品去满足;发现哪些细分市场竞争激烈，哪些较少竞争，哪些尚待开发;而满足程度低的市场部分通常存在着极好的市场机会，结合企业资源状况，从中形成并确立适宜自身发展的网络目标市场，并以此为出发点设计出相宜的营销战略，就有可能迅速取得网络市场优势地位，提高企业营销能力。

(2) 有利于企业有效地参与市场竞争，取得良好的经济效益。

在网络市场细分基础上，实现网络目标营销。企业可以把有限的人力、物力、财力资源集中使用于一个或几个细分市场，扬长避短，有的放矢地开展经营，避免分散力量，从而为获取投入少、产出多的经济效益奠定基础。

(3) 有利于企业掌握网络市场变化动态，有效制定、及时调整网络市场营销策略。

网络市场需求是不断变化的，而在整体市场中，各细分市场的变化情况又是不同的，如在网络服装市场中，青年服装的变化比老年服装的变化要快得多。通过网络市场细分，企业就能发现每个细分市场的变化特点，并根据各细分市场的变化情况及时地调整企业的营销策略，使企业有较强的应变能力。

(4) 有利于企业提高经济效益。

企业通过网络市场细分后，可以面对自己的网络目标市场，生产出适销对路的产品，既满足网络市场的需要，又增加企业的收入。产品适销对路可以加速商品流转，加大生产批量，降低企业的生产销售成本，提高生产工人的劳动熟练程度，提高产品质量，从而全面提高企业的经济效益。

三、网上消费者市场细分的依据

网上消费者市场按以下要素进行市场细分：

(1) 地理位置：分为一线城市、二线城市、农村等。

(2) 人口特征：人口的年龄、性别、收入、教育程度等。

(3) 使用行为：消费者的使用量、费用支出、购买渠道、决策过程等。

(4) 利润潜力：消费者的收入、获取成本、服务成本等。

(5) 价值观/生活方式：消费者宏观的价值取向和态度。

(6) 需求/动机/购买因素：价格、品牌、服务、质量、功能/设计等。

(7) 态度：针对产品类别和沟通渠道的态度。

(8) 产品/服务使用场合：什么地方、什么时间、如何使用等。

网上消费者市场细分见图 2—1。

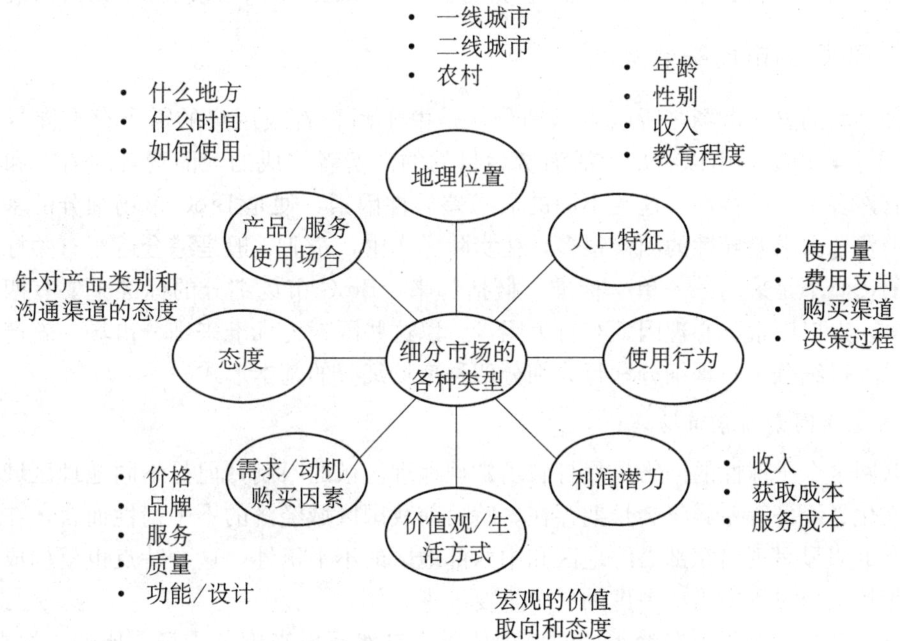

图 2—1　网络消费者市场八维细分模型

四、网络市场细分的程序

1. 明确研究对象

企业首先要根据战略计划规定的任务、目标及选定的市场机会等，决定将要分析的网络产品市场，进而确定是将这一产品的整体市场还是从中划分出来的局部市场作为细分和考察的对象。

2. 拟定市场细分的方法、形式和具体变量

企业首先根据实际需要拟定采用哪一种网络市场细分的方法，然后选择网络市场细分的形式，即决定从哪个或哪些方面对网络市场进行细分，最后还要确定具体的细分变量，将其作为有关的细分形式的基本分析单位。

3. 收集信息

企业对将要细分的网络市场进行调查，以便取得与已选细分方法、细分形式及细分变量有关的数据和必要的资料。

4. 实施细分并进行分析评价

企业运用科学的定性和定量方法分析数据，合并相关性高的变量，找出有明显差异的细分市场，进而对各个细分市场的规模、竞争状况及变化趋势等方面加以分析、测量和评价。

5. 选择网络目标市场，提出网络营销策略

一个企业要根据网络市场细分结果来决定网络营销策略。这要区分两种情况：如果分析网络细分市场后，发现市场情况不理想，企业可能放弃这一市场；如果网络市场营销机会多，需求和潜在利润令人满意，企业可根据细分结果提出不同的目标市场营销策略。

五、BtoC 的市场细分标准

一种产品的整体市场之所以可以细分，是由于消费者或用户的需求存在差异性。在 BtoC 市场上，市场是由以满足生活消费为目的的消费者构成的，消费者的需求和购买行为等具有许多不同的特性，这些不同的需求差异性因素，便是 BtoC 市场细分的基础。由于引起消费者需求差异性的因素很多，在实际操作中，企业一般是综合运用有关标准来细分市场的，而不是采用某一单一标准。概括起来，BtoC 市场细分的标准主要有四类，即地理因素、人口因素、心理因素和行为因素。以这些因素为标准来细分市场，就产生出地理细分、人口细分、心理细分和行为细分四种市场细分的基本形式。

1. 按地理因素细分市场

互联网这个全球性的网络虽然打破了常规地理区域的限制，但是不同地理区域之间的人口、文化、经济等差异将会长期存在。就目前我国区域经济的不平衡性而言，在上网人口的分布上明显呈现出东部沿海地区和中西部地区的不平衡性，这一特点也就构成了企业在网络市场细分过程中需要考虑的一个重要因素。

地理细分是指按照消费者所处的地理位置、自然环境来细分市场，比如，根据国家、地区、城市规模、气候、人口密度、地形地貌等方面的差异将整体市场分为不同的细分市场。

地理因素之所以作为市场细分的标准，是因为处在不同地理环境下的消费者对于同一类产品往往有不同的需求与偏好，他们对企业采取的营销策略与措施会有不同的反应。比如，在我国南方沿海一些省份，某些海产品被视为上等佳肴，而内地的许多消费者则觉得

味道平常。又如，由于居住环境的差异，城市居民与农村消费者在室内装饰用品的需求上大相径庭。

地理变量易于识别，是细分市场应予以考虑的重要因素，但处于同一地理位置的消费者需求仍会有很大差异。比如，在我国的一些大城市，像北京、上海，流动人口逾百万，这些流动人口本身就构成了一个很大的市场。很显然，这一市场有许多不同于常住人口市场的需求特点。所以，简单地以某一地理特征区分市场，不一定能真实地反映消费者的需求共性与差异（性），企业在选择目标市场时，还需要结合其他细分变量予以综合考虑。

2. 按人口因素细分市场

按人口因素细分市场即按人口统计因素，如年龄、性别、家庭规模、家庭生命周期、收入、职业、教育程度、宗教、种族、国籍等为基础来细分市场。消费者需求、偏好与人口统计变量有很密切的关系，比如，只有收入水平很高的消费者才可能成为高档服装、名贵化妆品、高级珠宝等商品的经常买主。人口统计变量较容易衡量，有关数据也相对较容易获取，因此企业经常以它作为市场细分的标准。人口因素包括以下几种：

（1）性别。男性与女性在产品需求与偏好上有很大不同，如在服饰、鞋帽、化妆品等方面的需求明显有别。像美国的一些汽车制造商，过去一直是迎合男性要求设计汽车，现在，随着越来越多的女性参加工作和社会经济地位的改变和提高，这些汽车制造商已开始设计制造吸引女性消费者的汽车。

（2）年龄。不同年龄的消费者对商品需求的特征也有着明显的差异。一般来说，儿童需要玩具、食品、童装、儿童读物；青年人则需要学习、体育和文娱用品；老年人需要营养品与医疗保健用品等。按年龄细分市场，有利于满足各年龄档次的消费者的特定需要。因此，企业必须掌握网络消费者的年龄结构、各年龄段的消费者占整个消费者群体的比重及各年龄段消费者的需求特点。

（3）收入。不同收入的消费者对商品的需求也有明显的差异。一般来说，低收入者对商品价格会比较敏感，而高收入者更看重商品的品质以及购买的方便性。比如，同是外出旅游，在交通工具以及食宿地点的选择上，高收入者与低收入者会有很大的不同。再如，目前我国学生占上网人群的比重较大，而有网上消费记录的却不多，这在很大程度上也是由于受经济条件的制约。正因为收入是引起需求差别的一个直接而重要的因素，所以企业应该用不同档次、不同价格的商品去满足具有不同支付能力的消费者。

（4）职业与教育。消费者职业的不同、所受教育的不同会引起需求差别。比如，教师、职员、工人、农民等不同职业者，对商品的需求有明显的差异。又如，由于消费者所受教育水平的差异所引起的在志趣、生活方式、文化素养、价值观念等方面的差异，会影响到他们购买商品的种类、购买行为、购买习惯等。不同消费者对居室装修用品的品种、颜色等有不同的偏好就是一个证明。

（5）家庭生命周期。一个家庭，按年龄、婚姻和子女状况等，可划分为七个阶段。在不同阶段，家庭购买力、家庭人员对商品的兴趣与偏好有较大差别。

单身阶段：年轻，单身，几乎没有经济负担；是新消费观念的带头人，属娱乐导向型购买。

新婚阶段：年轻夫妻，无子女，经济条件比较好。他们购买力强，对耐用品、大件商品的购买欲望强烈。

满巢阶段Ⅰ：年轻夫妻，有6岁以下子女，是家庭用品购买的高峰期；不满足现有的经济状况，注意储蓄，购买较多的儿童用品。

满巢阶段Ⅱ：年轻夫妻，有6岁以上未成年子女，经济状况较好，购买趋向理智型，受广告及其他市场营销刺激的影响相对减少，注重档次较高的商品及子女的教育投资。

满巢阶段Ⅲ：年长的夫妇与尚未独立的成年子女同住，经济状况较好，妻子或子女皆有工作。他们注重储蓄，购买行为理智。

空巢阶段：年长夫妇，子女离家自立。前期收入较高，购买力达到高峰期，较多购买老年人用品，如医疗保健品、娱乐及服务性消费支出增加。后期退休收入减少。

孤独阶段：单身老人独居，收入锐减；特别注重情感需要及安全保障。

除了上述方面，经常用于市场细分的人口变数还有家庭规模、民族、种族、宗教信仰、国籍等。实际上，大多数企业通常采用两种或两种以上人口因素来细分市场。

3. 按心理因素细分市场

按心理因素细分市场是指根据购买者所处的社会阶层、生活方式、个性特点等心理因素细分市场。

（1）社会阶层。社会阶层是指在某一社会中具有相对同质性和持久性的群体。处于同一阶层的成员具有类似的价值观、兴趣爱好和行为方式，不同阶层的成员则在上述方面存在较大的差异。很显然，识别不同社会阶层消费者的不同特点，对很多产品的市场细分将提供重要的依据。

（2）生活方式。通俗地讲，生活方式是指一个人怎样生活。人们追求的生活方式各不相同，有的追求新潮、时髦，有的追求恬静、简朴，有的追求刺激、冒险，有的追求稳定、安逸。西方的一些服装生产企业为“简朴的妇女”、“时髦的妇女”和“有男子气的妇女”分别设计不同的服装；烟草公司针对“挑战型吸烟者”、“随和型吸烟者”及“谨慎型吸烟者”推出不同品牌的香烟，均是依据生活方式细分市场。

（3）个性。个性是指一个人比较稳定的心理倾向与心理特征，它会导致一个人对其所处环境作出相对一致和持续不断的反应。俗语说：“人心不同，各如其面”，每个人的个性都会有所不同。一般来说，个性会通过自信、自主、支配、顺从、保守、适应等性格特征表现出来。企业依据个性因素细分市场，可以为其产品更好地赋予品牌个性，以与相应的消费者个性相适应。

4. 按行为因素细分市场

按行为因素细分市场是指根据购买者对产品的了解程度、态度、使用情况及反应等将他们划分成不同的群体。许多人认为，行为变数能更直接地反映消费者的需求差异，因而成为市场细分的最佳起点。按行为因素细分市场主要包括以下几种。

（1）购买时机。根据消费者提出需要、购买和使用产品的不同时机，将他们划分成不同的群体。有些商品是时令商品（如电扇、空调、取暖器等），有些商品是节日礼品或婚嫁特殊品，消费者购买这些商品的时间有一定的规律性。

（2）追求利益。消费者购买某种产品总是为了解决某类问题，满足某种需要。然而，产品提供的利益往往并不是单一的，而是多方面的。消费者对这些利益的追求是有侧重的，如对购买手表有的追求经济实惠、价格低廉，有的追求可靠耐用和使用维修方便，还有的偏向于显示社会地位。因此，可以依据消费者通过购买、消费产品期望得到的主要利益进行市场细分。

（3）使用者状况。根据顾客是否使用和使用程度细分市场，通常可分为：经常购买者、首次购买者、潜在购买者、非购买者。大公司往往注重将潜在使用者变为实际使用者，较小的公司则注重于保持现有使用者，并设法吸引使用竞争产品的顾客转而使用本公司产品。

（4）使用数量。根据消费者使用某一产品的数量大小细分市场，通常可分为大量使用者、中度使用者和轻度使用者。大量使用者人数可能并不多，但他们的消费量在全部消费量中占很大的比重。美国一家公司发现，美国啤酒的 80%是被 50%的顾客消费掉的，另外一半的顾客的消耗量只占消耗总量的 12% 。因此，啤酒公司宁愿吸引重度饮用啤酒者，而放弃轻度饮用啤酒者，并把重度饮用啤酒者当做目标市场。该公司还进一步了解到，大量喝啤酒的人多是工人，年龄在 25～50 岁，喜欢观看体育节目，每天看电视的时间不少于 3 个小时。很显然，根据这些信息，企业就可以大大改进其在定价、广告传播等方面的策略。

（5）品牌忠诚程度。企业可根据消费者对产品的忠诚程度细分市场。有些消费者经常变换品牌，另外一些消费者则在较长时期内专注于某一品牌或少数几个品牌。通过了解消费者品牌忠诚情况、品牌忠诚者与品牌转换者的各种行为与心理特征，不仅可为企业细分市场提供基础，同时也有助于企业了解为什么有些消费者忠诚本企业产品，而另外一些消费者忠诚于竞争企业的产品，从而为企业选择目标市场提供启示。

（6）购买的准备阶段。消费者对各种产品的了解程度往往因人而异。有的消费者可能对某一产品确有需要，但并不知道该产品的存在；还有的消费者虽已知道产品的存在，但对产品的价值、稳定性等还存在疑虑；另外一些消费者则可能正在考虑购买。针对处于不同购买阶段的消费群体，企业可进行市场细分并采用不同的营销策略。

（7）态度。企业可根据市场上顾客对产品的热心程度来细分市场。不同消费者对同一产品的态度可能有很大差异，如有的持肯定态度，有的持否定态度，还有的持既不肯定也不否定的无所谓态度。针对持不同态度的消费群体，企业在广告、促销等方面应当有所不同。

六、BtoB 的市场细分标准

许多用来细分 BtoC 市场的标准，同样可用于细分 BtoB 市场。但由于生产者与消费者在购买动机与行为上存在差别，所以，除了运用前述 BtoC 市场细分标准外，还可用其他标准来细分 BtoB 市场。

1. 用户规模

在 BtoB 市场中，大客户数量少，但每次购买量往往很大，而中小客户数量多，但每次购买量很小。用户规模不同，企业的营销组合方案也应该有所区别。网络营销中，借助顾客数据库，就可以对企业的用户按照采购数量实行分类管理，制定不同的营销策略。

2. 最终用户

在 BtoB 市场上，依据产品的最终用户细分企业用户群，在于强调某个产品在某个行业的最终用途。不同的最终用户（或产品不同的最终用途）对同一种产品追求的利益不同。企业分析产品的最终用户，就可以针对不同用户的不同需求制定不同的营销策略。

3. 企业购买状况

根据企业购买方式来细分市场。企业购买的主要方式包括直接重复购买、重复购买及新任务购买。不同购买方式的采购程度、决策过程等各不相同，因而可将整体市场细分为不同的子市场。

课堂活动

按照客户对所需的产品来细分，这无论是对于 CtoC、BtoC 还是 BtoB 来说都是最基本的市场细分，因为我们首先要知道我们的客户所要的产品，然后才可以进一步了解它所需产品的的价位、品牌、规格以及其他的特殊要求——也就是进一步的市场细分。我们打开淘宝网，看看淘宝聚划算团购网对数码产品的细分方式。

【活动一】

打开淘宝聚划算团购网主页（http：//ju. taobao. com/）如图 2—2 所示。

图 2—2 淘宝聚划算团购网主页

淘宝聚划算团购网成立于 2010 年，2011 年 10 月成为淘宝网旗下的独立业务，是中国最大的以消费者为驱动的品质购物网站。时至今日，每天有 1 200 万消费者在聚划算上发起品质团购，涵盖在线商品到地域性生活服务，帮助千万网友节省开支，它已经成为互联网消费者的首选团购平台。聚划算是一个定位精准、以小搏大、以 CtoB 驱动的营销平台，除了主打的商品团和本地化服务外，为了更好地为消费者服务，聚划算还陆续推出了品牌团、聚名品、聚设计、聚新品等新业务频道。

聚划算对网络产品的细分做得很好，它把商品主要分成商品团和生活汇两大类，其中把商品团分成了男装、女装、运动、数码、家电等 16 类，生活汇分成了美食、生鲜、电影休闲等 10 类，对于每类还进行了更详细的分类，这样看起来一目了然。

【活动二】

点击商品团数码，查看商品团数码产品的内容，如图 2—3 所示。

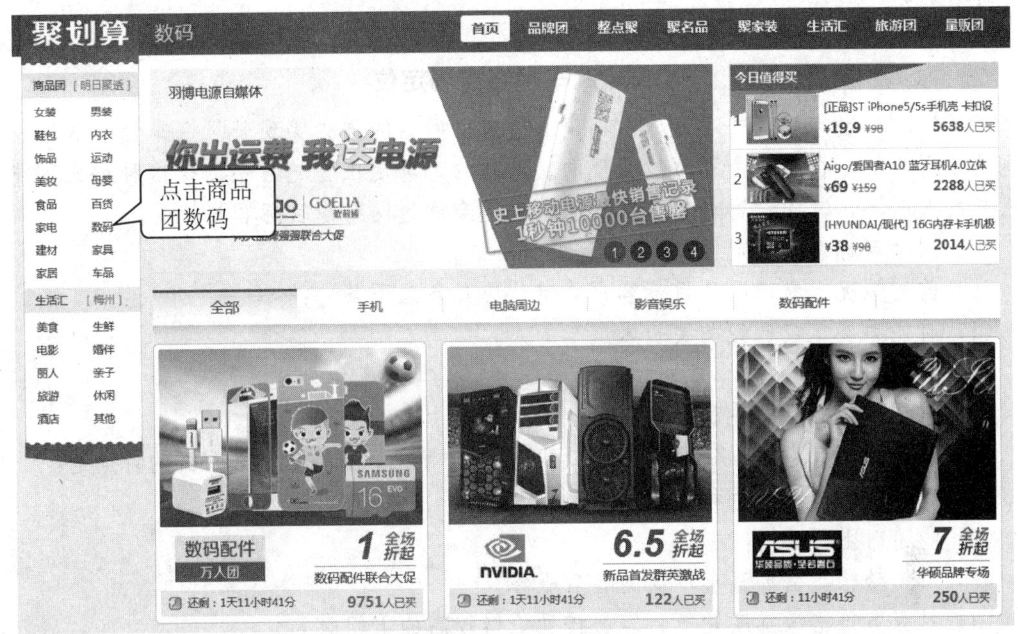

图 2—3　淘宝聚划算团购数码产品

商品团大类下面的数码类产品又分成了手机、电脑周边、影音娱乐和数码配件 4 小类，这样可以让顾客把所需的数码产品限定在一个很小的范围，在这个小范围里能够找到其所需的产品和相关的产品，非常方便，而且在很大程度上也提高了客户体验效果。

【讨论】

1. 描绘淘宝聚划算团购网细分市场的结构。
2. 确认淘宝聚划算团购网的细分变量并细分市场。
3. 你是否在淘宝聚划算团购网购买过商品？谈谈你的购物体会。

任务情境

珊珊同学学习了市场细分的知识以后，知道对网络企业和网店来说，并不是每一个细分市场都具有相同的吸引力和优势，因此，必须深入了解市场需求，知道谁是你的顾客？

什么产品能满足你的顾客？如何让产品有别于竞争对手？为了回答这些问题，珊珊通过网络进一步学习了网络目标市场的选择与定位。

案例导入

长风汽车网络市场定位

长风汽车经过市场调查后认为：期望通过建立网站的方式实现长风汽车销售的增长在中国是不现实的，在目前是不可能实现的。网站的市场定位首先考察的是这种形式可能为什么样的人服务，其次考察是什么样的服务一定会通过网络被目标客户接受。

一、网站目标客户的定位

从目前的情况来看，网站目标客户的定位应具备以下条件：

(1) 有能力买车或已经购买长风汽车的人。

(2) 能够上网的人。

(3) 需要提供售后服务和技术支持。

一般情况下，满足以上条件的客户群主要是白领阶层，这一目标客户群的特点是：

(1) 有购买私车的能力和愿望。

(2) 能随时上网。

(3) 工作繁忙，需要汽车厂商的售后服务。

(4) 对服务价格敏感度较低，容易接受价格较高的上门服务。

(5) 人数在不断扩大，市场潜力巨大。

二、网站的定位

在确定目标客户的基础上，选择网站的市场定位：

(1) 售后服务平台。

(2) 销售宣传。

三、网上售后服务内容

在确定市场定位的基础上，选择适合开展网上售后服务的内容：

(1) 长风汽车的操作知识。

(2) 长风汽车的配件商网络。

(3) 建立客户服务系统，与配件商和维修商相配合，为客户提供网上定制维修服务，客户可以通过网络来安排购买配件、消耗品、预约维修商等事宜。

(4) 建立线下服务体系，为网上预定的客户提供上门维修和更换配件的服务。

(5) 汽车的销售宣传。

总之，提供网上服务前必须考虑清楚市场定位问题，这是成功营销的出发点。

相关知识

一、网络目标市场

网络目标市场是企业进行网络营销活动所要满足的市场，是企业为实现预期目标选择要进入的市场。

企业选择网络目标市场，即选择适当的服务对象，是在网络市场细分的基础上进行的。只有按照网络市场细分的原则与方法正确地进行网络市场细分，企业才能从中选择适合本企业为之服务的网络目标市场。

二、网络目标市场战略选择

网络目标市场的可选择战略一般有五种：

1. 产品与市场集中战略

采用该战略的企业集中力量只生产或经营某一种产品，供应某一类顾客群。在巨大的网络市场中，这种战略比较适宜于中小企业，可以集中其资源实现专业化生产和经营，在取得成功后再发展，向更大范围扩展。

2. 产品专业化战略

采用产品专业化战略的企业生产或经营供各类顾客使用的某种产品，在面对不同的网络客户群体时，产品的质量、价格、款式等方面会有所不同。在网络市场中，大多数企业实施的是这种战略，企业根据不同的客户需求提供不同的产品和服务。

3. 市场专业化战略

采用市场专业化战略的企业生产或经营为某一顾客群（细分市场）服务的各种不同产品。这也是企业普遍所采用的战略，特别是提供网络服务的专业服务企业，大多为他们的客户提供一整套的服务解决方案。

4. 选择性的专业化战略

在该战略下企业选择多个细分市场作为网络目标市场，每一个细分市场都有着良好的营销机会，各细分市场之间相关性较小。这种战略有利于分散企业经营风险。即使某个细分市场失去吸引力，企业仍可在其他市场经营获利。

5. 市场完全覆盖战略

大企业为取得市场的领导地位甚至垄断地位常采用这种战略。公司为所有顾客群（各细分市场）供应其需要的各种产品。

三、网络目标市场营销策略

1. 无差异性营销策略

企业面对的网络市场是同质市场，或者企业把整个网络市场看做一个无差异的整体，认为消费者的需求基本上是一样的，可以作为一个同质的目标市场加以对待，在这种情况下，企业采用的就是无差异性营销策略。

2. 差异性营销策略

差异性营销策略，是指公司在网络市场细分的基础上，设计不同产品和实行不同的营销组合方案，以满足各个不同网络细分市场上的消费者的需求。

3. 集中性营销策略

集中性营销策略亦称密集营销策略，是指企业集中力量于某一个或几个网络细分市场上，实行专业化生产和经营，以获取较高的市场占有率的一种策略。

上述三种网络目标市场营销策略的优缺点如图 2—4 所示。

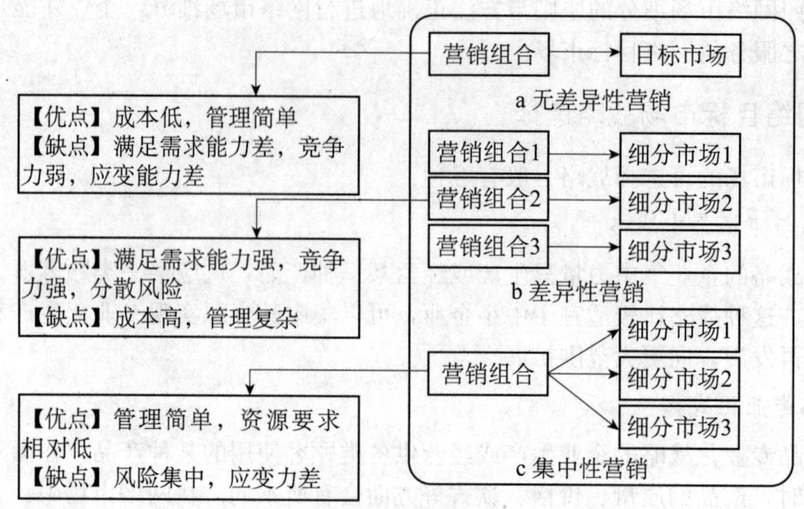

图 2—4　目标市场营销策略

四、网络市场定位

网络市场定位是指企业在进行网络服务过程中，通过先进的理念、方法和技术，突出企业以及企业产品的特色，在网络消费者和网友心目中树立良好的形象与塑造优质的品牌，以求与竞争者的产品和形象的差异化。

1. 网络市场定位的内容

（1）顾客服务定位。

企业网站是为上网顾客提供服务的，上网顾客的不同需要形成了企业网站的潜在的目标市场。顾客上网可能基于以下几个方面的需要：浏览信息、查询信息、发布信息、交流信息、在线交易和冲浪娱乐等。企业网站可根据自己的实力选择其中的某一方面突出服务，将这种服务的鲜明特色传播到广大网民心中。

（2）网站类型定位。

按照网站提供的服务项目多少，网站可分为宣传型网站和交易型网站。宣传型网站不具备交易功能，主要以介绍企业的经营项目、产品信息、价格信息为主。交易型网站不仅介绍企业的服务项目、产品信息和价格信息等，同时提供交易平台，买卖双方可以相互传递信息，实现网上订货。若网站定位于交易型网站，则要突出交易平台的特色。

（3）服务范围定位。

根据网站服务范围的不同，网站可分为国际型网站、全国型网站和地区型网站。从理论上讲，网络营销无时空限制，但由于受产品销售范围的局限，特别是受支付转账系统、物流配送系统发展的制约，网络市场营销的范围受到一定的限制。企业网站根据自己的实力要在服务范围上选择定位。比如，选择定位于国际型网站就要突出国际化；选择定位于全国型网站就要突出中国特色；选择定位于地区型网站就要突出地方特色，特别是地方的历史文化特色。

2. 网络市场定位思路

（1）根据公司营销现状进行定位。

网上营销定位同网下营销定位密切相关，通过分析公司的营销现状进行网络市场定位是一种重要的定位思路。具体可考虑以下情况：

- 自己的公司销售什么？
- 自己公司的顾客是哪些人？
- 自己的公司在哪些方面与其他公司有所不同？
- 正确评价公司的现有营销状况。
- 不必极力在网上频繁重塑公司的形象。

（2）根据网上消费行为进行定位。

- 使用 E-mail 进行网上营销时，需要谨慎而有礼节地进行。
- 不要过多地使用新闻组。
- 将产品的相关信息公布在网络上以吸引更多的用户。
- 务必使搜索引擎及其他站点指向你的站点。

（3）根据顾客群体的发展进行定位。

- 注意特定需求的上网访问者。
- 注意潜在顾客。

（4）根据竞争对手状况进行定位。

- 关注竞争对手。
- 与竞争对手比较优势和劣势。

【课堂活动】

余额宝的网络目标市场

支付宝是国内领先的独立第三方支付平台，由前阿里巴巴集团 CEO 马云先生在 2004 年 12 月创立，是阿里巴巴集团的关联公司。目前，支付宝实名用户超过 3 亿，在电商支付、移动支付、航空支付等多个领域占有优势。支付宝用户数首次达到 1 亿是在 2008 年 8 月底，从其 2003 年 10 月首次在淘宝出现到积累 1 亿用户，期间用了近 5 年时间。但从 1 亿用户增长到 2 亿用户，支付宝仅仅用了 10 个月，而从 2 亿用户增长到 3 亿用户，只用了 9 个月。2010 年 3 月 14 日，支付宝又宣布其用户数正式突破 3 亿，这是国内第三方支付公司用户数首次达到 3 亿规模。

余额宝是由第三方支付平台支付宝为个人用户打造的一项余额增值服务。只要把钱转入余额宝中，就可以获得一定的收益，并且支持支付宝账户余额支付、储蓄卡快捷支付的资金转入，不收取任何手续费。通过余额宝，用户存留在支付宝的资金不仅能拿到“利息”，而且和银行活期存款利息相比收益更高。通过余额宝，用户不仅能够得到收益，还能随时消费支付和转出，像使用支付宝余额一样方便。用户在支付宝网站内就可以直接购买基金等理财产品，同时余额宝内的资金还能随时用于网上购物、支付宝转账等支付功能。转入余额宝的资金在第二个工作日由基金公司进行份额确认，对已确认的份额会开始计算收益。2014年10月24日，天弘基金公司披露了余额宝三季报，三季度末余额宝规模为5 349亿元，用户数增至1.49亿人，平均每9位中国人中即有1位余额宝的用户。天弘基金靠此一举成为国内最大的基金管理公司。

余额宝网络目标市场主要是参与电子商务交易中的各类消费者，包括学生族、上班族等，其中又以年轻人为主力军，他们有着频繁的网络购物行为，并且在心理上也易于接受新生事物，而当今网上银行的转账支付等功能也使得该消费群更倾向于选择将银行卡中的小额储蓄存款转入余额宝中。余额宝的收益率在4%～6%，是银行的活期储蓄利率的十几倍，而且余额宝的转账服务也是其具有巨大的吸引力的重要因素，利用手机支付宝，从余额宝转出款项到任一银行卡都是免手续费的。

阿里巴巴在市场细分之后，及时地凭借支付宝巨大的用户量推出了余额宝服务，并将余额宝定位在电子交易市场的小额货币储蓄这片空白市场，针对该市场消费者特点赋予了余额宝相应的特色。在初期投入市场以后，又做了大量的市场营销工作，比如与支付宝的半绑定营销策略、天弘基金的市场宣传工作等。因此，余额宝迅速吸引了该市场消费者的眼球，引得大量资金转入，促使余额宝顺利稳固地占领了这片市场，成为该市场的领导者。

【讨论】

1. 余额宝的网络市场目标主要有哪些？
2. 余额宝通过哪些方法吸引消费者，成为市场的领导者？

【思考题】

1. 网络市场细分的概念和标准是什么？
2. 如何对网络市场进行有效细分？
3. 网络目标市场可选择的战略有哪些？
4. 网络市场定位的内容是什么？
5. 网络目标市场定位的方法和思路是什么？

【综合实训】

1. 登录 http：//www.cnnic.com.cn（中国互联网络中心），查看有关中国网上消费者在各地的分布情况，并分析和估计您所在城市网民的人数，进而判断您所在的城市中的电子商务类企业的网上目标市场的规模，最终形成报告，对本市电子商务和网络营销的发展做出评价。

2. 登录 http：//www.dell.com.cn（戴尔公司的中文网站），浏览它的中国市场的细分与定位策略，并评价这样的策略能否成功。

【思考】

1. 戴尔公司是如何进行目标市场选择分析的？
2. 对戴尔公司目标市场的选择和定位提出自己的建议。

网络营销调研与分析

学习目标

1. 了解网络市场调研与传统市场调查的差异。
2. 能够利用互联网有效地开展直接调研与间接调研。
3. 掌握网络营销调查的基本方法和技能。

学习内容

1. 熟悉网上市场调研的一般过程。
2. 制订网上调研计划。
3. 设计网上调查问卷。
4. 利用搜索引擎、电子邮件、在线问卷、网站等平台与工具实施网络调研。
5. 撰写网上市场调研报告。

教学方法和建议

1. 从案例分析入手，引导学生理解网络市场调研的策略、方法及相应的基本步骤，结合市场营销理论、网络数据检索技术以及数据分析技术，通过综合性案例、理论阐述、操作训练三个基本环节，使学生掌握制订网络市场调研计划、设计问卷、撰写调研报告等基本技能。

2. 教师可以提前布置调研任务，学生分组进行准备，教师指导学生利用网络平台进行数据收集、制作与发布调研报告。学生小组根据调研计划独立完成调研活动，撰写调研报告，并派代表现场展示，教师归纳后达成共识。

建议课时

任务一：网络商务信息收集整理　　4 课时
任务二：设计在线调查问卷　　2 课时
任务三：撰写调研报告　　2 课时

市场调研是营销链中的重要环节，没有市场调研，就把握不了市场。网上调研是企业网络营销工作的重要环节之一。网上调研就是利用互联网发掘和了解顾客需要、市场机会、竞争对手、行业潮流、分销渠道以及战略合作伙伴等方面的情况。通过调研，可以获得竞争对手的资料，摸清目标市场和营销环境，为经营者细分网上市场、识别上网顾客需求、确定网上营销目标等提供相对准确的决策依据。

任务一　网络商务信息收集整理

任务情境

班主任要求每一位电子商务专业的同学必须要在淘宝上开设自己的网店，珊珊同学经过一段时间的学习与筹备之后，她决定与本班其他三名同学开设一家面向高中校园女生的网店，一来可以利用自身的朋友圈与校园渠道推广网店，二来学生消费品的进货成本低，团队也能承担开店的初期费用。但是从哪里进货、什么商品受同学们的欢迎，这些问题还需要进行实际调查才能知道。因此，珊珊选择了利用网络平台开展网上调研。

案例导入

姿美堂化妆品网络市场调研

姿美堂发端于国际 OEM，拥有国际一线化妆品技术研发班底和广受国际赞誉的世界一流加工工艺。随着自身实力和品牌知名度的不断提升，姿美堂已有能力树立自己的品牌旗帜和风格标签，企业利用网络调研展开用户需求和行为习惯研究，通过在线调查了解用户对功效和包装的具体需求，为产品研发提供方向。

姿美堂的网络调研数据统计结果（见图 3—1）显示，在核心用户中：

（1）抗衰老和美白淡斑产品的需求量最大。

（2）小包装产品更受欢迎。

根据调查结果，姿美堂修正了产品研发方向，新品开发预售和上市均赢得了消费者的青睐。

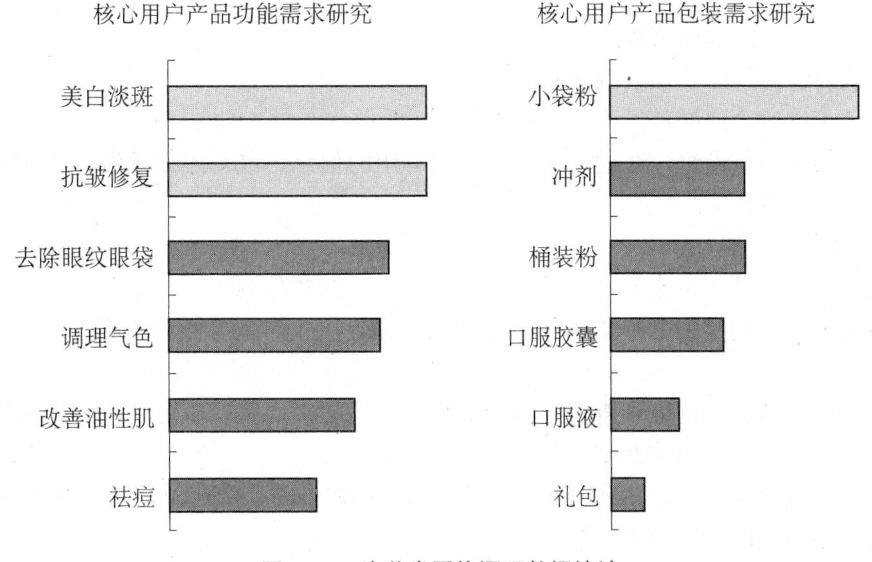

图 3—1　姿美堂网络调研数据统计

相关知识

一、什么是网络市场调研

网络市场调研是指基于互联网系统地进行营销信息的收集、整理、分析和研究的过程。网络市场调研的内容主要包括市场可行性研究、不同地区的销售机会和潜力分析、影响销售各种因素分析、竞争分析、产品研究、包装测试、价格研究、特定市场的特征分析、消费者研究、形象研究、市场性质变化的动态研究、广告监测、广告效果研究等方面。

二、网络市场调研方法与工具

利用网络进行市场调研有两种方法：一种方法是直接进行的一手资料调查，即网上直接调研；另一种方法是利用互联网的媒体功能，在互联网上收集二手资料，即网上间接调研。

1. 网络市场直接调研

网络市场直接调研指的是为当前特定的目的在互联网上收集一手资料或原始信息的过程。网络市场直接调研的方法有四种：网上观察法、专题讨论法、在线问卷法和网上实验法。其中，使用最多的是专题讨论法和在线问卷法。

（1）网上观察法。

网上观察法的实施主要是利用相关软件记录登录网络浏览者的活动。相关软件能够记录登录网络浏览者浏览企业网页时所点击的内容、浏览的时间；在网上喜欢看什么商品的网页；看商品时，先点击的是商品的价格、服务、外形还是其他人对商品的评价；是否有就相关商品和企业进行沟通的愿望等。

（2）专题讨论法。

专题讨论法可通过新闻组（Usenet）、电子公告牌（BBS）或邮件列表讨论组进行。

其步骤如下：

- 确定要调查的目标市场。
- 识别目标市场中要加以调查的讨论组。
- 确定可以讨论或准备讨论的具体话题。
- 登录相应的讨论组，通过过滤系统发现有用的信息，或创建新话题让大家讨论，从而获得有用的信息。

（3）在线问卷法。

在线问卷法即请求浏览其网站的每个人参与企业的各种调查。在线问卷法可以委托专业公司进行。调查问卷的基本结构一般包括三个部分，即标题及标题说明、调查内容（问题）和结束语。

标题说明是调查者向被调查者写的简短信，主要用来说明调查的目的、意义、选择方法以及填答说明等，一般放在问卷的开头。

问卷的调查内容主要包括各类问题、问题的回答方式及指导语，这是调查问卷的主体，也是问卷设计的主要内容。

问卷中的问答题，从形式上看，可分为开放式、封闭式和混合型三大类。封闭式问答题既提问题，又给若干答案，被调查者只需要在选中的答案中打“√”即可。开放式问答题只提问题，不给具体答案，要求被调查者根据自己的实际情况自由作答。混合型问答题又称半封闭型问答题，是在采用封闭型问答题的同时，最后再附上一项开放式问题。有的问题附有指导语，也就是填答说明，用来指导被调查者填答问题。

结束语一般放在问卷的最后，可以对被调查者表示感谢，也可征询一下被调查者对问卷设计和问卷调查本身的看法和感受。结束语要诚恳亲切。

在线问卷发布的主要途径有以下三种：

第一种是将问卷放置在自己的网站上，等待访问者访问时填写问卷。

第二种是通过 E-mail 方式将问卷发送给被调查者，被调查者完成后将结果再通过 E-mail 将问卷返回。

第三种是在相应的讨论组中发布问卷信息或者调查题目。

（4）网上实验法。

网上实验法可以通过在网络中所投放的广告内容与形式进行实验。其具体做法是：设计几种不同的广告内容和形式在网页或者新闻组上发布，也可以利用 E-mail 传递广告。广告的效果可以通过服务器端的访问统计软件随时监测，也可以通过客户的反馈信息量的大小来判断，还可以借助专门的广告评估机构来评定。

2. 网络市场间接调研

网络市场间接调研指的是网上二手资料的收集。二手资料的来源有很多，如公共图书馆、行业网站、市场调查公司、搜索引擎等，使得互联网上二手资料的收集非常方便。

互联网上虽有海量的二手资料，但要找到自己需要的信息，首先必须熟悉搜索引擎的使用，其次要掌握专题型网络信息资源的分布。网上查找资料主要通过三种方法进行：利用搜索引擎；访问相关的网站，如各种专题性或综合性网站；利用相关的网上数据库。

（1）利用搜索引擎查找资料。

搜索引擎提供一个搜索入口，根据搜索者提供的关键词，反馈出的搜索结果是与关键词相关的信息，比如供求信息、产品信息、企业信息以及行业动态信息，并且给予搜索者一定的信息分类引导，最终满足搜索者的实际需求。

（2）访问相关网站收集资料。

如果知道某一专题的信息主要集中在某些网站，则可以直接访问这些网站，获得所需的资料。

（3）利用网上数据库查找资料。

网上数据库有付费和免费两种。在国外，市场调查用的数据库一般都是付费的。

三、网络市场调研的优点

与传统调查方式相比，网络调研在组织实施、信息采集、信息处理、调查效果等方面具有明显的优势，这些优势是网络调研方式将来也许会取代传统调查方式的内在原因。

表 3—1　网络市场调研与传统市场调研的比较

比较项目	网络市场调研	传统市场调研
调研费用	较低，主要是设计费和数据处理费，每份问卷所要支付的费用几乎为零	昂贵，包括问卷设计、印刷、发放、回收、聘请和培训访问员、录入调查结果、由专业公司对问卷进行统计分析等多方面的费用
调研范围	全国乃至全世界，样本数量庞大	受成本限制，调查地区和样本的数量均有限
运作速度	很快，只需要搭建平台，数据库可自动生成，几天就可能得出有意义的结论	慢，至少需要 2～6 个月才能得出结论
调研的时效性	全天候进行	不同的被访问者可进行访问的时间不同
被访问者的便利性	非常便利，被访问者可自由决定时间、地点回答问卷	不太方便，一般要跨越空间障碍到达访问地点
调研结果的可信性	相对真实可信	一般有督导对问卷进行审核，措施严格，可信度高
适用性	适合长期的大样本调查，适合要迅速得出结论的情况	适合面对面地深度访谈。

四、网络市场调研的一般步骤

网上市场调研与传统市场调研一样，应遵循一定的方法与步骤，以保证调查过程的质量。网上市场调研一般包括以下几步：

1. 制定网络市场调研的目标

在设计网络市场调研之前，应首先确定调研的目标，即在此次市场调研中，你希望通过这次调研实现什么目标。比如希望知道顾客如何评价企业所提供的产品与服务；知悉访问者如何评价企业网站；企业网站的邮件订阅者对企业邮件服务是否满意；企业产品的潜在顾客群是否对本企业的新产品感兴趣；等等。所以网络商业调研重要的是在开始就制定调研的目标。

2. 确定网络市场调研的对象

网络市场调研的对象，主要分为企业产品的消费者、企业的竞争者两大类。

3. 制订调研计划

网络市场调研的第三步是制订有效的调研计划，包括资料来源、调研方法、调研手段、抽样方案和联系方法五方面内容。

（1）资料来源。

市场调研首先要确定是收集一手资料（原始资料）还是二手资料，或者两者都要。在互联网上，利用搜索引擎、网上营销和网上市场调研网站，我们可以很方便地收集到各种一手和二手资料。

（2）调研方法。

网络市场调研可以使用的方法有直接调研法或间接调研法。

（3）调研手段。

网络市场调研可以采取在线问卷、电子邮件、论坛、网站数据分析等多种方式进行。在线问卷制作简单，分发迅速，回收也方便，但须遵循一定的原则。

（4）抽样方案。

确定抽样方案即要确定抽样单位、样本规模和抽样程序。抽样单位是确定抽样的目标总体；样本规模的大小涉及调查结果的可靠性，样本必须足够多。

（5）联系方法。

确定联系方法指以何种方式接触调研的主体。网络市场调研一般采取网上交流的形式，如 E-mail 传输问卷、BBS 等。

4. 收集、整理信息

利用互联网做市场调研，不管是一手资料还是二手资料，都可同时在全国或全球进行，收集的方法也很简单，直接在网上递交或下载即可，这与受区域制约的传统调研方式有很大的不同。如，某公司要了解各国对某一国际品牌的看法，只需要在一些著名的全球性广告站点发布广告，把链接指向公司的调查表就行了，无须像传统调研那样，在各国找不同的代理分别实施。此类调研如果利用传统方式进行，其工作量之大是无法想象的。

5. 分析信息

信息收集结束后，接下来的工作是信息分析。信息分析的能力相当重要，因为很多竞争者都可从一些知名的商业站点看到同样的信息。调研人员如何从收集的数据中提炼出与调研目标相关的信息，并在此基础上对有价值的信息迅速做出反应，这是把握商机、战胜竞争对手、取得经营成果的一个制胜法宝。利用互联网，企业在获取商业情报、处理商务信息的速度方面是传统商业所无法比拟的。

6. 提交报告

调研报告的撰写是整个调研活动的最后一个阶段。报告不是数据和资料的简单堆砌，调查员不能把大量的数字和复杂的统计技术扔到管理人员面前，而应把与市场营销决策有关的主要调查结果写出来，并以调研报告的正规格式书写。

利用搜索引擎进行关键词查询

每个搜索引擎都有自己的查询方法，只有熟练地掌握它，才能运用自如。不同的搜索引擎提供的查询方法不完全相同，要想具体了解，可以到各个网站中去查询，但有一些通用的查询方法，各个搜索引擎基本通用，下面主要介绍如何使用关键词进行查询。

1. 简单查询

在搜索引擎中输入关键词，然后点击“搜索”按钮就行了，系统很快会返回查询结果，这是最简单的查询方法，使用方便，但是查询的结果却不准确，可能包含着许多无用的信息。

2. 使用双引号（" "）

给要查询的关键词加上双引号（半角，以下要加的其他符号同此），可以实现精确的查询，这种方法要求查询结果要精确匹配，不包括演变形式。例如在搜索引擎的文字框中输入“电传”，它就会返回网页中有“电传”这个关键字的链接，而不会返回诸如“电话传真”之类的链接。

3. 使用加号（＋）

在关键词的前面使用加号，也就等于告诉搜索引擎该单词必须出现在搜索结果中的网页上，例如，在搜索引擎中输入“＋电脑＋电话＋传真”就表示要查找的内容必须要同时包含“电脑”、“电话”、“传真”这三个关键词。

4. 使用减号（－）

在关键词的前面使用减号，也就意味着在查询结果中不能出现该关键词，例如，在搜索引擎中输入“电视台－中央电视台”，它就表示最后的查询结果中一定不包含“中央电视台”。

5. 使用通配符（*和?）

通配符包括星号（*）和问号（?），前者表示匹配的数量不受限制，后者匹配的字符数要受到限制，主要用在英文搜索引擎中。例如输入“computer*”，就可以找到“computer”、“computers”、“computerized”等单词。

6. 使用布尔检索

所谓布尔检索，是指通过标准的布尔逻辑关系来表达关键词与关键词之间逻辑关系的一种查询方法，这种查询方法允许我们输入多个关键词，各个关键词之间的关系可以用逻辑关系词来表示。

(1) and，称为逻辑“与”，用and进行连接，表示它所连接的两个词必须同时出现在查询结果中，例如，输入“computer and book”，它要求查询结果中必须同时包含“computer”和“book”。

(2) or，称为逻辑“或”，它表示所连接的两个关键词中任意一个出现在查询结果中就可以，例如，输入“computer or book”，就要求查询结果中可以只有“computer”，或只有“book”，或同时包含“computer”和“book”。

(3) not，称为逻辑“非”，它表示所连接的两个关键词中应从第一个关键词概念中排除第二个关键词，例如输入“automobile not car”，就要求查询的结果中包含“automobile”（汽车），但同时不能包含“car”（小汽车）。

(4) near，它表示两个关键词之间的词距不能超过n个单词。

在实际使用过程中，可以将各种逻辑关系综合运用，灵活搭配，以便进行更加复杂的查询。

7. 使用括号

当两个关键词用另外一种操作符连在一起，而查询时又想把它们列为一组时，就可以对这两个词加上圆括号。

8. 使用元词检索

大多数搜索引擎都支持元词功能，运用这类功能，用户把元词放在关键词的前面，这样就可以告诉搜索引擎想要检索的内容具有哪些明确的特征。例如，在搜索引擎中输入"title：清华大学"，就可以查到网页标题中带有"清华大学"的网页。在键入的关键词后加上"domain：org"，就可以查到所有以 org 为后缀的网站。

其他元词还包括：image，用于检索图片，link，用于检索链接到某个选定网站的页面，URL，用于检索地址中带有某个关键词的网页。

9. 区分大小写

这是检索英文信息时要注意的一个问题，许多英文搜索引擎可以让用户选择是否要求区分关键词的大小写，这一功能对查询专有名词有很大的帮助，例如：Web 专指万维网或环球网，而 web 则表示蜘蛛网。

课堂活动

一、活动目的

利用淘宝、百度、1688、学生论坛等网络平台开展有关学生开店的网上调研活动，要求学生设计好调研方案，收集与整理有关开店的信息。

二、活动内容与步骤

1. 制订调研计划

将学生分为 3～4 人一组，进行 5～10 分钟的交流，主要让学生沟通开店的目的与策略，交谈结束后，教师要求每组推选出一名组长简要阐述团队的意见，然后布置开店前的准备工作：制订网店的调研计划，利用各种网络平台收集整理相关的信息。

2. 调研计划模板

（1）调研目的。

（2）调研目标及内容。

（3）调研对象。

（4）调研步骤。

（5）调研方法。

（6）调研小组及分工。

3. 网店信息收集与整理

（1）网络营销对象分析。

网店的消费者：通过淘宝、美丽说、微博、百度等平台了解消费者对网店拟经营产品的关注信息。

竞争者：分析相关网店的经营信息，团队成员可以准确把握本网店的优势和劣势，并及时制定营销策略。

市场状况：确定网店所销售的产品及目标市场。

（2）优劣势分析。

利用 SWOT 分析法对网店进行客观分析。SWOT 分析法又称为态势分析法或优劣势分析法，用来确定自身的竞争优势（Strength）、竞争劣势（Weakness）、机会（Opportunity）和威胁（Threat），从而将公司的战略与公司内部资源、外部环境有机地结合起来。SWOT 分析模型见表 3—2。

表 3—2　SWOT 分析模型

优势	机会
劣势	挑战

（3）网络营销渠道选择。

网络营销渠道的架构应是精简、高效，能在极短的时间及途径内，获取最需要的资源，同时优化成最佳信息，根据提炼的信息做出决策，开拓市场，因而网络营销渠道必须具有“短、平、快”的特点。

（4）确定货源。

通过调研初步拟定进货渠道及网店经营的商品，并说明理由。

任务二　设计在线调查问卷

任务情境

设计一份合理的调查问卷与选择合适的调研方法与平台，是市场调研活动能否成功的关键，珊珊同学与她的团队在老师的指导下，开始了问卷的设计与发布的工作。

案例导入

英特尔软件学院在线调查

英特尔软件学院隶属于英特尔软件与服务事业部，作为其对外专业培训机构，英特尔软件学院为全球的软件开发人员提供了丰富的最新技术培训课程。

自 2002 年成立伊始，英特尔软件学院就致力于培训软件开发人员掌握和应用英特尔的新技术及经验，以提高软件技术人员的技术水平，提升产品开发技能。经过多年的稳定发展，英特尔软件学院在中国业已成为面向软件开发、项目管理及商业运营方向的优秀一站式培训服务基地。

英特尔软件学院一直是提倡使用网络技术的先驱，此次英特尔软件学院的网络市场调研也充分地体现了这一点。这一次调研中，英特尔依然使用快捷高效、便于统计、节约成本的网络问卷方法进行相关的统计。

英特尔软件学院为了了解客户群的状态、学院的知名度和消息传播途径、客户所关心的内容、客户的期望、客户的兴趣等内容设计此次网络问卷调查。

此次英特尔软件学院市场调查的主要内容有：

(1) 访客的身份和职位是什么？

(2) 访客以前是否了解英特尔软件网络（ISN）？

(3) 访客是从哪些渠道了解英特尔软件网络的？

(4) 最喜欢上的是哪个分论坛？

(5) 最经常使用社区哪个功能？（A. 看博客　B. 看技术文章　C. 上论坛　D. 看录像等其他功能）

(6) 访问的主要目的是什么？

(7) 最希望增加什么形式的内容？

(8) 最希望获得以下哪种方式与 ISN 互动？（A. 邮件　B. 网友见面活动　C. 竞赛等各种活动）

(9) 对英特尔软件学院提供的哪些培训感兴趣？

英特尔软件学院的市场调研问卷简单明了，设计目的明确，通过网络市场调研的方法获取软件学院访问对象的信息，通过了解访问的信息可以深入分析消息传播的渠道、访客的兴趣和爱好、人们愿意接纳的互动形式等。通过以上的信息，英特尔软件学院也更容易把握自身的条件，发现市场供应的多余和空白，提高自身的服务质量和信息的全面性。

相关知识

一、在线调查表制作步骤

在线调查表的制作步骤见表 3—3。

表 3—3　在线调查表制作步骤

<table>
<tr><td rowspan="3">事前准备</td><td rowspan="3">调查目的的确认与明确化</td><td>调查问卷目的的确认</td></tr>
<tr><td>原有资料、信息的分析，设定假说</td></tr>
<tr><td>汇总、分析方法的确定</td></tr>
<tr><td rowspan="8">调查问卷的设计</td><td rowspan="2">决定调查项目和提问项目</td><td>决定调查项目</td></tr>
<tr><td>决定提问项目</td></tr>
<tr><td rowspan="4">设定问题项目的制作</td><td>提问形式、回答形式的推敲</td></tr>
<tr><td>设定问题方案内容的推敲</td></tr>
<tr><td>措辞用字的检查</td></tr>
<tr><td>决定问答项目</td></tr>
<tr><td>提问的顺序</td><td></td></tr>
<tr><td>进行预备测试</td><td></td></tr>
<tr><td>事后的检查</td><td>调查问卷的完成</td><td>根据预备测试进行修正、印刷、校对，最终制作完成调查问卷</td></tr>
</table>

二、在线调查问卷结构及注意事项

为了能够获得良好的调查反馈，设计问卷不仅仅要考虑问卷中要设计哪些问题，而且还要考虑如何向被调查者询问这些问题。经验表明，如果问卷中存在某种偏见的话，许多受调查者会主动放弃填写调查问卷。表达错误的调查问卷，所得到的调查数据对企业改善经营管理毫无帮助。在设计问卷内容时应体现出“你的意见对我们很重要”，让调查者感觉到，填写调查表就好像帮助自己或所关心的人，这样往往有助于提高问卷的回收率。在设计调查问卷时，需要注意以下三个方面：

1. 在线调查问卷的内容构成

完整的在线调查问卷通常包括如下四个部分：卷首语、问题指导语、问卷主体以及结束语。

（1）卷首语。说明由谁执行此项调查，调查的目的、意义何在。其主要功效是使被调查者感到正在进行的调查项目是合理、合法的，是值得他们花些时间和精力来认真填写的。卷首语虽然不是问卷的主体部分，但它的作用不容忽视，即消除顾虑，取得被调查者的信任，所以一定要明确说明单位名称、地址、联系电话和网址。

（2）问题指导语（填表说明）。它是向被调查者解释怎样以及如何正确地填写问卷的语句。

（3）问卷主体。问卷主体包括问题和备选答案，是问卷的核心部分。问题的类型可以分为开放型和封闭型。在网络市场调查中，有的在线问卷特别是 E-mail 问卷多采用封闭型问卷，即在提出问题的同时给出备选的答案。封闭型问卷的优势非常明显，节省时间、回收率较高、资料便于统计处理和进行定量分析。

设计问卷问题时还必须注意以下几个方面：一是考虑被调查者的特征及心理特点，设计合理的问卷，可以使被调查者有兴趣和愿意回答提问；二是问卷不宜过长；三是问题应简洁易懂，定义清楚；四是敏感性的问题应婉转迂回地提出，如一般用第三人称，而尽量不用第二人称“提问”，不要让被调查者产生厌烦甚至反感情绪。

（4）结束语。结束语一般是感谢语。结束语要写得诚恳、亲切。

在线问卷设计的几点相关事宜：被调查者或被调查区域的文化、传统、宗教、法规等方面的情况；调研的主体要明确、简洁，便于被调查者正确理解和回答；方便调查人员和数据统计人员的工作，便于调查数据的整理和处理。

2. 尽可能多地吸引网民参与调查

为了增加数据的可靠性与真实性，调查组织者应尽可能多地吸引网民参与调查，特别是在采用被动问卷调查法时。

（1）问卷的设计水平及内容的重要性、趣味性、利他性等都直接影响到被访者参与回答问题的积极性。

（2）注重采用适当的激励措施和手段。

（3）在吸引网民更多参与的同时，也要采用一定的技术手段来杜绝弄虚作假。

（4）与访问量大的网站合作以增加参与者数量。

3. 必须公布保护个人信息声明

无论哪个国家，对个人信息都有不同程度的自我保护意识，要让用户了解调研目的，并确信个人信息不会被公开或者用于其他任何场合。

如果以市场调查为名义收集用户个人信息，以展开所谓的数据库营销或者个性化营销，不仅会严重损害企业在消费者，特别是被调查者中的信誉，而且也将损害合法的市场调查。

案例

网络市场调查实例——Yahoo的用户分析调研

Yahoo作为第一家网上搜索引擎www.yahoo.com，承担着向广告客户提供准确的信息流量的责任，但作为一家销售驱动的商业典范，公司的目标是要向广告厂商提供更为精确的网上用户统计信息，以及为Yahoo的用户提供更为详细的个人信息。

Yahoo授权英国营销调研公司——“大陆研究”对其德国及法国使用者进行分析调研。大陆研究公司设计了一个两阶段调研计划。第一阶段，收集德国、法国及美国的Yahoo商业用户及一般用户访问Yahoo网站的数据，了解其上网动机及主要网上行为。同时，还要求被访者提供其E-mail地址以备第二阶段调研时再次联系，在这一阶段中将进行深度调研。该阶段的主要问题就是吸引、督促被访者参与、完成调研，以确保收集到最佳信息。在第一阶段中，仅两周的时间便接到了1万份来自这三个国家的回答完整的结果，这意味着调研已经接触到日标群体。

Yahoo的用户分析调研的成功经验是：

(1) 科学地设计调查问卷。

在第一阶段的调查中，通过科学设计调查问卷，使之适合每一位被访者，并有效鼓励其合作，吸引、督促被访者参与、完成调研，以确保收集到最佳信息。

(2) 尽量减少无效问卷。

在填写调查问卷过程中，被调查者会有意无意地遗漏一些信息。在本次调查中，公司通过寄出提醒卡的方式，以确保每位参访者只进行一次回答，从而在一定程度上减少了无效问卷。

(3) 吸引尽可能多的人参与调查。

在第二阶段中，对已留下E-mail地址的人进行深度调研时，可以在其上次中断的地方进行重新访问。这样做虽然使第二阶段的问卷相对长了些，但中途断线率降到5%～6%。这在某种程度上得到了个人E-mail收发信箱的激励，并赢得了1/5的电子组织者的支持。

(4) 选择将网络市场调查外包给专业的第三方公司。

Yahoo授权英国营销调研公司完成此项目，该公司提供抽样调研软件及服务设备。大陆研究公司设计了一个两阶段调研计划，从而获得专业化、智能化的数据跟踪与分析服务。

三、调查问卷的设计

1. 调查问题的类型

调查问卷问题的类型归纳起来分为四种：自由问答题、两项选择题、多项选择题和顺位式问答题，其中后三类均可以称为封闭式问题。

(1) 自由问答题。

自由问答题也称开放型问答题，只提问题，不给具体答案，要求被调查者根据自身实际情况自由作答。自由问答题主要限于探索性调查，在实际的调查问卷中，这种问题不多。自由问答题的主要优点是被调查者的观点不受限制，便于深入了解被调查者的建设性意见、态度、需求问题等。自由问答题的主要缺点是难以编码和统计。自由问答题一般应用于以下几种场合：作为调查的介绍；某个问题的答案太多或根本无法预料时；由于研究需要，必须在研究报告中原文引用被调查者的原话。

（2）两项选择题。

两项选择题是多项选择题的一个特例，一般只设两个选项，如“是”与“否”、“有”与“没有”等。两项选择题的优点是简单明了，缺点是所获信息量太小，两种极端的回答类型有时往往难以了解和分析被调查者群体中客观存在的不同态度层次。

（3）多项选择题。

多项选择题是从多个备选答案中择一或择几。这是各种调查问卷中采用最多的一种问题类型。多项选择题的优点是便于回答，便于编码和统计，缺点主要是问题提供答案的排列次序可能引起偏见。这种偏见主要表现在以下三个方面：

第一，对于没有强烈偏好的被调查者而言，选择第一个答案的可能性大大高于选择其他答案的可能性。解决这一问题的办法是打乱备选项的排列次序，制作多份调查问卷同时进行调查，但这样做会增加调查的成本。

第二，如果被选答案均为数字，没有明显态度的人往往选择中间的数字而不是偏向两端的数字。

第三，对于 A、B、C 字母编号而言，不知道如何回答的人往往会选择 A，因为 A 往往与高质量、好等相关联。解决的办法是用其他字母，如 L、M、N 等进行编号。

（4）顺位式问答题。

顺位式问答题又称序列式问答题，是在多项选择的基础上，要求被调查者对所询问的问题答案，按自己认为的重要程度和喜欢程度顺位排列。

在现实的调查问卷中，往往是几种类型的问题同时存在，单纯采用一种类型问题的问卷并不多见。

2. 确定问题的措辞

很多人可能不太重视问题的措辞，而把主要精力集中在问卷设计的其他方面，这样做的结果有可能降低问卷的质量。因此，在进行问卷设计时，在措辞方面须遵守以下原则：

（1）问题的陈述应尽量简洁。

（2）避免提带有双重或多重含义的问题。

（3）最好不用反义疑问句，避免用否定句。

（4）注意避免问题的从众效应和权威效应。

一般来说，问卷的开头部分应安排比较容易的问题，这样可以给被调查者一种轻松、愉快的感觉，以便于他们继续答下去。中间部分最好安排一些核心问题，即调查者需要掌握的资料，这一部分是问卷的核心部分，应该妥善安排。结尾部分可以安排一些背景资料，如职业、年龄、收入等。个人背景资料虽然也属事实性问题，也十分容易回答，但有些问题，诸如收入、年龄等同样属于敏感性问题，因此一般安排在末尾部分。当然在不涉及敏感性问题的情况下，也可将背景资料安排在开头部分。

此外，还要注意问题的逻辑顺序，有逻辑顺序的问题一定要按逻辑顺序排列。

课堂活动

一、活动目的

利用问卷星制作一份学生网店的调查问卷，并通过各种在线交流工具邀请目标客户参与调查，为网店的经营提供科学的决策依据。

二、活动内容与步骤

1. 登录问卷星（www.sojump.com），注册一个账号，参考网站帮助文件设计以下问卷并发布。

关于网上购物消费观及购物需求的调查问卷

亲们：

我们正在做关于各年龄阶层对网购的看法以及购买需求的调查活动，想了解大家对网购的看法、意见及需求，您的回答对我们的调查结果非常重要，您的真实想法有利于我们的调查。可能会耽误您几分钟的时间，希望您能见谅并积极参与，谢谢。

1. 年龄：[单选题][必答题]

A. 18 岁以下　B. 18～25 岁　C. 26～35 岁　D. 35 岁以上

2. 性别：[单选题][必答题]

A. 男　B. 女

3. 职业：[单选题][必答题]

A. 学生　B. 自由工作者　C. 公司职员　D. 家庭主妇

E. 其他

4. 您有没有在网上参与过购物?[单选题][必答题]

A. 有

B. 从来没有（选 B 请跳答第 10 题）

5. 您经常访问的购物网站是：[多选题][必答题]

A. 淘宝网　B. 卓越亚马逊　C. 京东商城　D. 当当网

E. 拍拍　F. 其他

6. 您选择网上购物的主要原因有：[多选题][必答题]

A. 好奇　B. 方便　C. 价格便宜　D. 时尚，款式新颖

E. 商品齐全　F. 节约时间　G. 看见别人买，自己也想买

H. 一时心动

7. 您一个月内的网购开销约为：[单选题][必答题]

A. 100 元以下　B. 100～500 元　C. 500～1 000 元　D. 1 000 元以上

8. 您对网上购买的商品的满意程度：[单选题][必答题]

A. 很不满意　B. 不满意　C. 一般　D. 满意

E. 很满意

9. 您通常在网上选购的产品类型为：[多选题][必答题]

A. 化妆品　B. 服饰类　C. 书籍　D. 小型电子产品

E. 大型电器　　F. 影视产品　　G. 电脑软件　　H. 家具
I. 首饰　　J. 其他

10. 今后您会选择网上购物吗？[单选题][必答题]

A. 会尝试一下　　B. 应该会　　C. 不知道　　D. 不会

11. 网上购物最吸引您的优点是：[多选题][必答题]

A. 可以在家“逛商店”，订货不受时间限制
B. 获得较大量的商品信息，可以买到当地没有的商品
C. 网上支付较传统的现金支付更加安全，可以避免现金丢失或遭到抢劫
D. 从订货、买货到货物上门无须亲临现场，既省时又省力
E. 由于网上商品省去店面、雇员等一系列费用，总的来说其价格较一般商城的同类产品更加便宜

12. 如果在网上购买的物品不合心意或有质量问题，您会：[单选题][必答题]

A. 反正东西不多，吃点亏算了
B. 非常生气，再也不在网上购物了
C. 想退换货，但不知道通过什么渠道
D. 向消费者协会投诉
E. 向销售网店提出退换货要求
F. 向有关部门提出申诉

13. 您对传统购物模式和网上购物模式的看法是：[单选题][必答题]

A. 传统的比较麻烦，网上的更省力
B. 传统的比网上的更有安全感
C. 网上的东西，样式更多，有更多的选择空间
D. 差不多，不觉得有很大区别
E. 其他

14. 您觉得网上购物的安全性怎么样：[单选题][必答题]

A. 还不错，至少我没有碰到欺诈行为
B. 觉得不安全，不太敢尝试
C. 仍然有所顾虑，但还是会参与
D. 其他

15. 你对网上购物的顾虑是：[多选题][必答题]

A. 网络安全（信用卡信息、个人信息等）
B. 货物质量
C. 配送速度
D. 配送费用
E. 网页设计不好，查找和订货困难
F. 售后服务保证
G. 登记手续烦琐
H. 其他

16. 您认为网上购物的发展前景：[单选题][必答题]
A. 越来越被人们接受，发展空间很大
B. 不怎么样，毕竟存在很多令人担心的问题
C. 短期内不会有太大的发展
D. 其他
17. 您觉得购物网站需要改进的是：[多选题][必答题]
A. 商品质量　　B. 配送及时性　　C. 信息描述　　D. 支付手段
E. 诚信经营　　F. 法律的保护　　G. 网络的安全保障
18. 您对现今的网上购物持怎样的看法？（略写几点即可）[填空题][必答题]
答：________________________________。

2. 讨论制定本团队拟经营网店的调研问卷。

任务三 撰写调研报告

任务情境

珊珊同学通过前期的项目调研，成功收集了大量的反馈信息，在进一步明确开店计划之前，珊珊同学还要就调研的结果与她的团队做市场分析。为此，珊珊同学需要从调研数据中找到客户的消费需求、行为习惯等有效的信息，并要在老师的指导下做一份合理的分析报告。

案例导入

上海家化网站用户体验优化研究的成功案例

上海家化作为国内化妆品行业首家上市企业，是国内日化行业中少有的能与跨国公司开展全方位竞争的本土企业，拥有国际水准的研发和品牌管理能力。上海家化拥有“六神”、“佰草集”、“美加净”、“清妃”、“高夫”等诸多中国著名品牌。由于规模庞大，其首页有海量的信息需要面向媒体、经销商、应聘者、普通消费者等多种用户。如何有效地组织内容，提高用户的浏览体验就成为一个棘手的难题。

上海家化通过天会调研宝的调查后发现，网站的总体评价一般，在页面设计、网站内容和网站功能方面均有提升的空间。

通过网络调研，上海家化进一步了解到了消费者对页面不满的具体原因。

1. 网站内容不够全面

(1) 对产品介绍亮点不多，特别是对一些拳头产品的介绍给消费者印象不深刻。

(2) 对公益活动没有特别突出地呈现。

2. 信息更新不够及时

(1) 企业新闻。

(2) 新产品介绍信息。

(3) 产品的新广告：如六神宝宝广告新浪网上有，而官方网站却没有。

结合调查结果，上海家化制定了如下的提升方案：

(1) 品牌大家族：板块中对新产品或拳头产品的宣传介绍需要更加突出和详细。

(2) 新闻中心：信息时效性有待提高。

(3) 会员俱乐部：板块中内容、功能和互动性比较缺乏，不够有吸引力。建议在该版中提供会员交流和讨论的空间。

(4) 招贤纳士：校园招聘部分需要增加内容。同时建议增加职位申请功能，方便应聘者投递简历给人力资源管理部门。

网站改版后，用户的体验和满意度均有了显著的提升。

相关知识

调研报告是市场调研成果的集中体现，它是经过对信息资料的整理和分析，对所调研的问题给出的结论，并对实现调研目的提出建设性意见，供决策者参考。调查人员从互联网上收集到信息后，必须对这些信息进行整理和分析，利用计算机快速地进行分析。

一、市场调研报告结构

市场调研报告的结构主要包括：题目、内容提要、绪言（调研报告的目的）、主要的结论（一系列简短的陈述）、调研采用的详细细节、调研结果（正文、表格、图表）、调研结果小结、总的结论和建议、参考资料、附录。具体见表 3—4。

表 3—4 市场调查报告的结构

结构	内容
开头	题目
	内容提要
调研报告正文	序言（调研报告的目的）
	主要的结论（一系列简短的陈述）
	调研采用的详细细节
	调研结果（正文、表格、图表）
	调研结果小结
	总的结论和建议
结尾	参考资料
	附录

二、调研报告的写作要领

撰写调研报告须把握以下要领：

（1）要做好调查研究的前期工作。写作前，要根据确定的调查目的，进行深入细致的市场调查，掌握充分的材料和数据，并运用科学的方法进行分析研究判断，为写作市场调研报告打下良好的基础。

（2）要实事求是，尊重客观事实。调研报告一定要从实际出发，一是一，二是二，不夸大，不缩小，要用真实、可靠、典型的材料反映市场的本来面貌。

（3）要中心突出，条理清楚。运用多种方式进行市场调查，得到的材料往往是大量而庞杂的，要善于根据主旨的需要对材料进行严格的鉴别和筛选，给材料归类，并分清材料的主次轻重，按照一定的条理，将有价值的材料组织到文章中去。

三、调研报告的基本要求

撰写调研报告有如下要求：

（1）调研报告力求客观真实、实事求是。调研报告必须符合客观实际，引用的材料、数据必须是真实可靠的。要反对弄虚作假，要用事实来说话。

（2）调研报告要做到调查资料和观点相统一。市场调研报告是以调查资料为依据的，即调研报告中所有观点、结论都以大量的调研资料为根据。在撰写调研报告的过程中，要善于用资料说明观点，用观点概括资料，二者相互统一，切忌调研资料与观点相分离。

（3）调研报告要突出市场调研的目的。撰写市场调研报告必须目的明确，有的放矢，任何市场调研都是为了解决某一问题，或者为了说明某一问题。市场调研报告必须围绕市场调研的上述目的来进行论述。

（4）调研报告的语言要简明、准确、易懂。调研报告是给人看的，读者大多不喜欢冗长、乏味、呆板的语言，也不精通调查的专业术语。因此，撰写调研报告语言要力求简单、准确、通俗易懂。

四、调研报告例文

视频网调研报告

视频网站用户重合度高　差异化优势尚未形成

在线视频网站是最类似于传统电视的媒体，主要为用户输送内容，内容是影响在线视频网站核心竞争力的关键因素之一。目前，从几大视频网站的内容来看，独家的影视内容很少，即使视频网站买到了独家版权，也会采取版权分销来降低投入成本。因此，视频网站的内容大同小异，热播内容几乎每个网站都有，这就导致用户黏性不足、忠诚度低，不同网站之间的用户重合度高。

根据近日中国互联网络信息中心（CNNIC）发布的《2013 年中国网民网络视频应用研究报告》，从 PC 端（台式机＋笔记本电脑）用户的重合度来看，优酷土豆与其他网站的重合度最大，访问过 PPTV 的用户中，90％访问过优酷土豆，其他网站用户中也都有 80％以上用户访问过优酷土豆；从优酷土豆自身来看，其与爱奇艺 PPS 的重合度较高，其次是腾讯视频和搜狐视频，访问过优酷土豆的用户中，75.8%的用户访问过爱奇艺PPS，51.7%的用户访问过腾讯视频，50.9%的用户访问过搜狐视频。具体情况见表3—5。

表 3—5　**2013 年主要视频网站 PC 端用户重合度**

	优酷土豆	爱奇艺 PPS	腾讯视频	搜狐视频	乐视网	PPTV
优酷土豆	100.0%	75.8%	51.7%	50.9%	45.3%	41.5%
爱奇艺 PPS	83.8%	100.0%	52.0%	49.9%	47.0%	42.4%
腾讯视频	84.7%	77.1%	100.0%	60.5%	48.7%	43.5%
搜狐视频	88.7%	78.7%	64.4%	100.0%	55.2%	46.6%
乐视网	89.5%	84.2%	58.9%	62.8%	100.0%	50.1%
PPTV	90.0%	83.2%	57.6%	57.9%	54.8%	100.0%

从移动端（手机+平板）视频网站/客户端的用户重合度来看，整体重合度低于PC端，因为大多数的移动端用户通过客户端观看视频，而客户端安装数量有限，用户在网站之间切换不如PC端方便，选择客户端看视频时，通常都是先在自己安装过的客户端内查找，用户忠诚度相对较高。

由于优酷土豆用户的基数相对较大，在移动端访问过其他视频网站/客户端的用户中，基本上有70%以上的用户访问过优酷土豆，而在优酷土豆的用户中，有64%的用户访问过爱奇艺PPS。具体情况见表3—6。

表 3—6　**2013 年主要视频网站/客户端在移动端的用户重合度**

	优酷土豆	爱奇艺 PPS	腾讯视频	乐视	搜狐视频	暴风影音
优酷土豆	100.0%	64.0%	37.5%	33.6%	33.0%	27.8%
爱奇艺 PPS	70.0%	100.0%	39.5%	34.4%	34.2%	30.0%
腾讯视频	69.0%	66.5%	100.0%	35.2%	40.9%	35.8%
乐视	79.1%	73.8%	45.0%	100.0%	44.7%	30.5%
搜狐视频	77.7%	74.0%	52.5%	44.8%	100.0%	34.4%
暴风影音	78.3%	76.8%	54.7%	36.4%	40.9%	100.0%

近几年来，在线视频行业一直在不断地调整竞争格局，并购案纷起，各家都忙着布局移动互联网，甚至延伸到移动终端设备制造领域。视频行业之争，上游的内容与下游的渠道是竞争的关键。视频网站要实现差异化竞争，主要可以从差异化内容方面来布局。

（1）独播剧。2014年上半年韩剧《来自星星的你》大热，作为该剧的国内主要播放平台，爱奇艺在开年首秀便实现了名利双收，不到20集的内容更新上线，换来了累计超过8亿的播放量。巨大的播放量也给爱奇艺带来了巨大的广告收益，这就是独播剧的魅力。与优质的节目合作，对优质的内容进行网站独播，是增加视频网站竞争力的重要手段。

（2）自制剧。相对来看，自制剧成本投资低，可以减少对版权内容的依赖，同时可以更为精准地帮助品牌商投放广告，尤其在贴片广告、内容植入上，网络自制剧有着版权剧不可比拟的优势。视频网站的发展初期是渠道为王，靠引进内容来加强渠道吸引，通过流量的增长来获取商业价值，现在已转变为内容为王，通过自制精品内容来打造自身品牌，提升品牌形象，这也是视频网站可持续发展的健康之路。

课堂活动

一、活动目的

根据网店调研问卷的统计分析数据，撰写本组网店开店前的市场调研报告

二、活动内容与步骤

1. 分析调研数据

将问卷星后台对问题的单项统计数据导入到 Excel 表格，以便对数据做进一步分析。

2. 撰写调研报告

按调研报告格式要求对数据进行分析后撰写网店调研报告，小组对报告进行讨论，初步拟定网店经营策略。

思考与综合实训

【思考题】

1. 网络市场调研的内容及特点是什么？网络市场调研的策略是什么？
2. 网络市场调研数据收集的方法有哪些？
3. 实施网络调研应该注意哪几个问题？
4. 你将运用哪些在线调研方法来测试新产品？为什么？
5. 在互联网上对大众进行营销调研有哪些局限性？现在和将来如何克服这些局限性？
6. 假设某公司收到一份网络调研报告，显示许多客户抱怨公司产品的质量，你认为公司应该做出怎样的回应呢？

【综合实训】

分小组设计一张中职学生就业意向调查表，上传到互联网上；收集数据，撰写分析报告。

认识网络营销常用工具与方法

学习目标

1. 了解网络营销常用工具的种类。
2. 掌握网络营销常用工具的使用方法。
3. 熟悉企业营销网站的组成。

学习内容

1. 企业营销网站的概念、建设步骤和方法。
2. 网店经营技巧。
3. SoLoMo 的概念和营销模式。

教学方法和建议

以案例入手，使学生明白利用网络营销常用工具的好处，通过上网实训使学生掌握网络营销常用工具的使用方法。

建议课时

任务一：打造企业营销网站	2 课时
任务二：经营网店	4 课时
任务三：体验 SoLoMo 营销	4 课时

在网络营销信息传递原则中，有一个原则是建立尽可能多的网络营销信息传递渠道。因此，网络营销就需要借助各种有效的营销工具来达到营销的目的。网络营销工具具有一定的阶段性和时效性，即随着时间的推移，有些工具的作用将变得不再明显。网络广告虽

是网络营销体系中一个重要的组成部分，却并不是网络营销工具，只是一种网络营销的方法，因为它需要借助的一定的载体，如企业网站、电子邮件等才可以传递给用户。

任务一 打造企业营销网站

任务情境

通过网上信息的调研，珊珊同学发现，随着互联网技术的普及，传统的营销手段已经难以适应企业经营的需要，建立营销导向的网站是企业的迫切要求。

通过企业网站，可以低成本、独立、有效地向用户展示产品信息、工艺技术、经营理念、企业文化和形象；可以拓展新的空间、增加销售渠道、扩大市场；可以及时了解用户的意见、加强企业与顾客之间的联系；可以及时、准确地掌握用户的需求，实现定制化营销，实现售前指导和售中、售后的全过程、全方位服务。通过先进的营销工具和有效的营销平台——营销网站是可以改变营销现状的。

案例导入

玉渊阁玉饰营销网站

玉渊阁玉饰股份有限公司于2008年12月在辽宁注册成立，主营翡翠、玉器、玛瑙等饰品和挂件等的生产和销售。公司主要通过电视、广播、杂志等传统媒体以及商场专柜，针对东北地区开展营销活动。

目前，公司营销工作遇到一些困难。主要表现在：一直以来，公司都是通过传统媒体向用户传递产品信息的，公司深深感到这种方式对中介机构的依赖性大、效率低、成本高，很多顾客的个性化要求无法及时得到满足，销售渠道完全依赖网下分销，缺乏有效的网络平台，销售量不能大幅增长，等等。

公司经理接受销售部经理的建议，决定开展网上营销活动，建立网络营销平台。

根据网站建设的流程和主要步骤，该公司拟在做好市场调查研究和前期准备的基础上，规划和设计本公司营销网站。

1. 确定网站的目标

根据公司的营销现状，网站的目标主要包括产品介绍、信息发布、提供产品个性化定制服务、实现在线交易、提供沟通和顾客体验平台几个方面，核心业务为信息发布、商品介绍、在线交易以及电子支付四个方面。

2. 制定网站的技术方案

结合网站的功能、目标以及企业的资源情况，公司可以采用独立建站的方式。网站技术方案的设计如表4—1所示。

表 4—1　　网站建站的方案设计

项目	方案设计
网站类型	ASP 动态网站
服务器	自建
硬件要求	路由器、交换机、服务器、不间断电源、空调、除湿机等
系统平台	Windows NT
系统性解决方案	Windows NT
数据库管理系统	SQL Server 2000+Access
网站程序开发技术	ASP 动态网页程序及 JSP、CGI、数据库程序

3. 确定网站名称和域名

考虑到形象推广和持续营销的需要，确定“玉渊阁玉饰股份有限公司”作为网站的名称。

根据网站名称，以“yyg”作为网站的域名，将“玉饰”设定为网站的关键词，突出网站的核心内容。

4. 设计网站的功能和结构框架

依据网站的目标，将网站的功能分为首页、优惠酬宾、最新上架、联系方式四个模块，每个模块下设置若干功能，具体如图 4—1 所示。

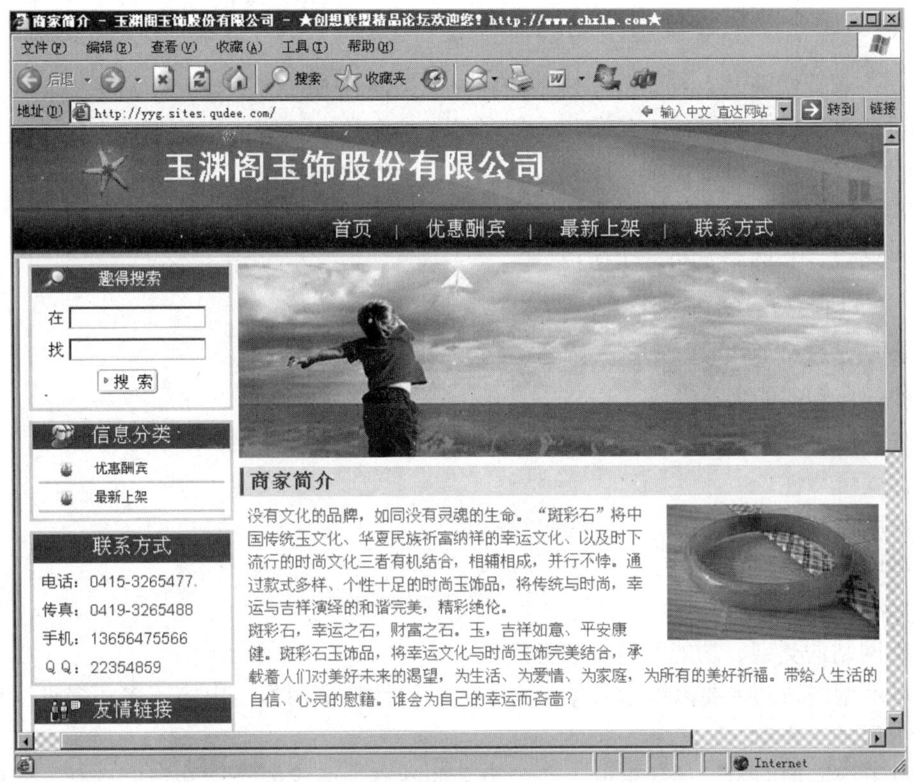

图 4—1　玉渊阁玉饰股份有限公司主页界面

5. 具体设计并开发网站

在确定了网站的功能和结构框架之后，就可以着手进行网站的具体设计和开发工作了。考虑到公司缺乏网站设计与开发的专业人员，所以打算采用“外包为主，内部辅助”的方式。

企业内部相关部门要根据网站的框架及栏目，充分收集网站开发所必需的文字、数据和图片信息，并进行归纳、整理，给平面设计师和网站程序员提供网站具体设计和开发工作的必备资料。接下来的工作是委托专业设计师和程序员，按照顺序进行网站的具体制作和设计。

相关知识

一、企业网站的组成

企业网站就是由一张张的网页组成的网上企业。一个完整的企业网站应该由公司简介、产品介绍、服务内容、价格信息、联系方式、网上订单等组成，每个网页可以再依次分设若干不同的栏目或次一级页面。电子商务类网站要提供会员注册、详细的商品服务信息、信息搜索查询、订单确认、付款、个人信息保密措施、相关帮助等。

二、创建企业独立营销网站的流程

建立企业营销网站，有非独立建站和独立建站两种方式。非独立建站是指企业基于第三方提供的平台，利用其现有的模板，通过模板组合的方式快速构建起一个简单站点；独立建站是企业根据自己的需要，单独设计、建设个性化的站点。

一般来说，具有一定规模的企业适合选用独立建站的方式，该建站方式可以分为网站规划、网站设计和网站发布三个阶段。

1. 企业网站的规划

(1) 网站定位要求。

- 快速实现的能力。
- 先进性。
- 高度可靠性。
- 高度可拓展能力。
- 高度安全性。
- 标准性和开放性。

(2) 网站的类型、功能及核心业务定位。

- 展示型网站：主要以展示形象为主，艺术设计特征明显，内容不多，多见于从事美术设计方面的工作室。
- 电子商务型网站：是从事电子商务为主的站点，要求安全性和稳定性高。一般该类站点的设计要求既要简洁大方，又要显得热闹有人气，颜色多用蓝色等以表现信任感。
- 内容型网站：站点以内容为重点，用内容吸引人。一般该类站点以设计简洁大方为主，不需要太多太花哨的东西，以免转移读者的视线。
- 门户型网站：该类站点类似内容型，但又不同于内容型，因其网站上的内容特别丰富，内容比较综合，一般内容型网站的内容比较集中于某一专业，或自己的领域，或自己的公司，工作室等小范围的内容，而门户型网站一般来说除了表现更为丰富的内容外，通常更加注重网站与用户之间的交流。

（3）网站规划的内容。

● 技术规划。以信息发布为主要功能的网站，可以选择 IDC 服务商提供的虚拟主机服务；如果要求能更灵活、安全、稳定、快捷，则可选择主机（服务器）托管服务；大型企业可选用独立建站方案，从服务器接入互联网到维护管理全部由企业完成。

● 市场环境分析。通过分析相关行业的市场，确定企业是否有机会在互联网上开展业务；通过分析主要竞争者的网上业务及其网站的规划、功能和作用，为自己的网站建设提供较好的基点和参考；通过分析自身的资源特别是信息化程度，有利于找准强化竞争力的突破口。

● 页面规划。页面规划一般要符合企业的整体形象和 CI 规范，注意色彩和图片的应用及版面规划，保持网页的整体一致性。

● 业务内容规划。网站的具体业务内容表现为网页上的板块和栏目，需要对板块和栏目的名称、框架结构、链接方式、导航条等进行详细规划。

2. 企业网站的设计

（1）结构设计。

首先根据网站的定位及功能，设计一个由主页和次一级页面按层次链接的树状结构图，为后续设计提供具体的依据。图 4—2 为某公司的主页结构。

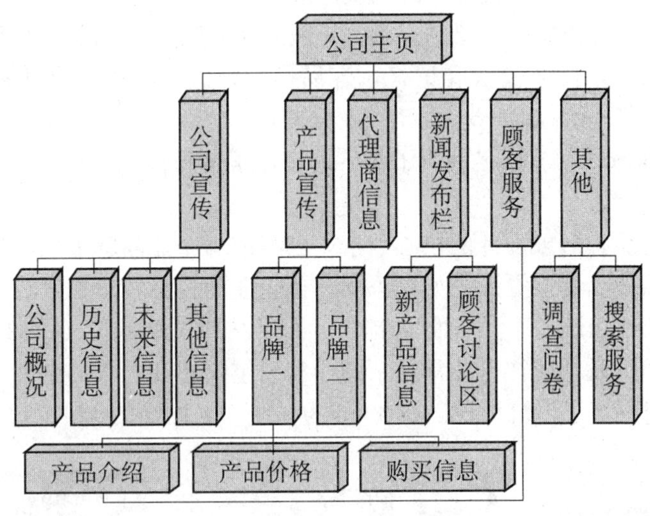

图 4—2 某公司的主页结构

（2）站点设计。

目的是站点设计的最重要因素。目的可以简单，但不能模糊不清，否则 Web 设计和实现都将非常困难。用户对 Web 的期望和 Web 能否真正地很好实现之间一般都有差距，如何和用户沟通来达成共识是 Web 项目一开始就要解决的。

目的先要细化成可清晰描述的明确目标，目标越清晰，越容易控制和实现。因为 Web

的目标也可能需要漫长的时间才能实现，所以在保持总的发展策略的前提下，可以对不同时间段的目的有明确的界定，这样不但可以让发展的中心不被偏离，还可以比较容易地评价效果，以期制定对策。

Web 是一种特殊的媒体，所以设计师必须懂得和了解这种媒体的特性，尽管设计是共通的，但对 Web，必须要有针对其特性的设计考虑。

（3）首页设计。

网站首页是企业网站的窗口，因此很多企业网站对网站首页设计非常重视。现在有一种普遍现象，即很多企业网站的首页都是一个漂亮的“欢迎页面”，页面上展示一些图片、动画或者其他多媒体文件，所表现出的信息大多和企业形象或者核心业务无关。这些企业喜欢这种方式的主要原因是觉得直接进入产品介绍页面会显得内容贫乏，而且不够专业。

如果一定要采用一个漂亮的网页作为首页时，不妨通过一些多媒体手段，在展示企业品牌形象方面下点工夫，尽量要防止出现和企业毫无关系的内容。

（4）风格设计。

网站的整体风格及创意设计没有固定的模式。针对同一个主题，每个人不可能设计出完全一样的网站。比如，同为服装的百泰、金鑫、金嘉利和心石四个主题网站，其整体风格各异，给人的感受有较大差别。

网站的整体风格取决于站点的 CI（标志、色彩、字体、标语）、版面布局、浏览方式、交互性、文字、语气、内容价值等诸多因素及组合。

（5）域名设计。

域名设计包括网站名称的设计创意以及一级域名、二级域名后缀的选择。域名设计应遵循易记、易推广、符合品牌形象的要求。一般来说，域名应和企业名称、商标一致，同时，域名要短小顺口，便于输入和记忆，容易推广。例如，国内有两家资源站点，都叫“我爱 E 书”，其域名分别为为 www. 52ebook. com 和 www. 5iebook. com，又如中国物流网域名为 www. 56. com，该域名利用了数字谐音，很容易推广。

（6）LOGO 设计。

LOGO 设计是品牌形象设计的核心因素，已经成为企业品牌策划的热点。拥有一款优秀的 LOGO，可以使品牌视觉形象如虎添翼，让企业的目标客户更喜欢企业的品牌，以至于更喜欢企业的产品和服务，从而促进销售。行业内谁先拥有了好的 LOGO 设计，谁就抢占了先机。LOGO 设计往往是非常复杂的，涉及空间感和色彩的调整、各个元素的协调等，其工作量丝毫不亚于传统设计。图 4—3 为一些知名网站的 LOGO。

图 4—3 LOGO

（7）色系与字体设计。

网站给人的第一印象来自视觉冲击，不同的色彩搭配和字体能产生不同的效果，并可能影响到访问者的情绪。

网站的色系是浏览者整体的视觉观感，一个网站色系须具有一致性，这样不仅会使网站看起来美观，更能让浏览者对内容不易混淆，增加了浏览的方便程度。网站的色系包含了网页的底色、文字字型、图片的色系、颜色等，对于网站的色系，应该要在网站开始制作前做好规划及设计。

标准字体是指用于标志、标题、主菜单的特有字体。一般网页默认的字体是宋体。为了体现站点的与众不同和特有风格，可以根据需要选择手写体或特别字体。

三、网络营销常用工具

网络营销常用工具包括企业网站、搜索引擎、电子邮件、网络实名/通用网址、即时信息、浏览器工具条等客户端专用软件、电子书、博客、微博、RSS等。

（一）网络营销的第一个常用工具——企业网站

在所有的网络营销工具中，企业网站是最基本的、最重要的一个。

1. 企业网站的建立目的和特点

众所周知，网站的种类有很多，如果从基本的原理和采用的技术上来讲，可以说，各网站是没有本质的差别的。

企业建立网站的目的是：

（1）以网站的形式向公众传递企业品牌形象、企业文化等基本信息。

（2）发布企业新闻、供求信息、人才招聘信息等。

（3）向供应商、分销商、合作伙伴、直接用户等提供某种信息或服务。

（4）网上展示、推广、销售产品。

（5）收集市场信息、注册用户信息。

（6）其他具有营销目的或营销效果的内容和形式。

若结合企业的经营一起考虑，企业网站的本质就是一个开展网络营销的综合性的工具，它具有的特点是：

（1）企业网站具有自主性和灵活性，应适应企业的经营需要。

（2）企业网站是主动性与被动性的矛盾统一体。企业可以通过网站来主动地发布信息，但这些信息是不可能传递到用户那里去的，只能被动地等待用户自己来检索信息。搜索引擎是被动的，电子邮件则是主动的。

（3）企业网站的功能需要通过其他网络营销手段才能体现出来，即需要网站推广才能发挥其应用的作用。

（4）企业网站的功能具有相对稳定性。一个不断变化中的企业网站是不利于网络营销的。

（5）企业网站是其他网络营销手段和方法的基础。

2. 企业网站与网络营销的关系

只有搞清楚企业网站与网络营销的关系，才能建好具有网络营销导向的企业网站。具体可以通过以下四个方面说明：

（1）从企业开展网络营销的一般程序来看，网站建设完成并不是网络营销的终结，而只是为各种网络营销方法、手段、职能的应用打下了基础。

（2）有效地开展网络营销，离不开企业网站的功能的支持。网站的建设水平同时也会直接影响着网络营销的效果，表现在品牌形象、被搜索引擎检索到的机会等多个方面。

（3）企业网站的内容是网络营销的基础。

（4）企业网站与网络营销是相互促进、互为依存的。

3. 企业网站的分类

企业网站可分为信息发布型网站和商品销售型网站。现在绝大多数企业网站均属于前者，这些网站就像传统的企业宣传手册，其目标是宣传公司、产品和服务，树立品牌。商品销售型网站就是在线销售的电子商务网站，这类网站上需要有详细的产品或服务信息、购物者和付款入口等。

（二）网络营销的第二个常用工具——搜索引擎

不同的搜索引擎，其原理是不同的，当使用不同的搜索引擎搜索同一个关键词时，得到的结果是不同的。

从工作原理来说，常见的搜索引擎有两类：一类是纯技术型的全文检索搜索引擎，如Google、Alta Vista、Inktomi等，其原理是通过spider到各个网站收集、存储信息，并建立索引数据库供用户查询。用户从搜索引擎检索的信息并不是搜索引擎即时从互联网上检索得到的。通常所说的搜索引擎，其实是一个收集了大量网站或网页资料并按照一定规则建立索引的在线数据库，这样，当用户检索时才可以在很短的时间内反馈大量的结果。当一些网页中信息发生改变时，如果搜索引擎数据库中的信息没有及时更新，那么在搜索结果中看到的将不是最新的网页信息。

另一类搜索引擎被称为分类目录，这种搜索引擎并不采集网站的任何信息，而是利用各网站向搜索引擎提交网站信息时填写的关键词和网站描述等资料，经过人工审核编辑后，如果符合网站的登录条件，则输入数据库以供查询。如Yahoo就是分类目录的典型代表，国内的搜狐、新浪等搜索引擎也是从分类目录发展起来的。分类目录搜索引擎的好处是：用户可以根据目录有针对性地逐级查询自己所需要的信息，而不是像纯技术性搜索引擎一样同时反馈大量信息，而这些信息的关联性并不一定符合用户的期望。

从实质上看，利用spider自动检索网页信息的搜索引擎才是真正意义上的搜索引擎。

一般来说，搜索引擎的索引数据库都是不断更新的，也就是搜索引擎的Spider（爬行器）程序每隔一段时间或周期就要重新访问已经收录的网页，并且通过搜索互联网获取新出现的网页。所以，搜索引擎检索数据库中收集的网站/网页的数量多少也在一定程度上反映了搜索引擎的价值。同时，这也意味着当一个网站提交给搜索引擎（或自动被搜索引擎检索收录）后，需要一定的周期才能被用户检索到，对不同的搜索引擎而言，这个周期的长短也不一样，有的需要几天，有的需要一个月或者更长时间。

（三）网络营销的第三个常用工具——电子邮件

电子邮件是最常用的互联网服务，电子邮件还是促使网络营销诞生的重要因素之一。世界上第一封电子邮件诞生于 1971 年，我国的第一封电子邮件是在 1987 年由钱天白教授所发出的。

1. 电子邮件在网络营销中的作用

电子邮件在网络营销中的作用体现在以下八个方面：

（1）企业品牌形象。对于陌生的发信人，如果发信人使用的是知名企业或者机构的域名为后缀的电子邮件地址，往往会受到收件人的重视。即使对于一些未经许可的商业邮件，也不会被认为是垃圾邮件。而对于使用免费邮箱的发件人，受到信任的程度会大大降低。

（2）在线顾客服务。在企业网站公布的联系方式以及在线帮助信息中，电子邮件地址都是必不可少的一项内容，因为电子邮件是在线顾客服务的重要工具之一。通过电子邮件开展顾客服务，不仅节约了顾客服务成本，增进顾客关系。提高顾客服务质量、增加顾客服务除一般的回复顾客咨询之外，常见的形式还有自动回复、重要信息提醒等。

（3）会员通讯与电子刊物。会员通讯与电子刊物都是 E-mail 营销中获得用户许可的基本方法，是许可 E-mail 营销中内部列表 E-mail 营销的主要方式。

（4）电子广告。即通过专业服务商投放广告信息的一种方式，是企业利用网络营销服务商的用户电子邮件地址来开展 E-mail 营销。

（5）网络推广。电子邮件在网络推广活动中发挥着不可忽视的作用，是除了搜索引擎、资源合作、网络广告等常见网站推广方法之外，又一重要的网络推广手段。

（6）产品/服务推广。产品/服务推广是许可 E-mail 营销的基本功能之一，无论是通过企业内部的邮件列表，如会员通讯和电子刊物等，还是通过服务商的用户电子邮件地址资源投放电子邮件广告都可以将广告促销信息通过合理的设计，作为邮件的内容向目标用户发送，从而达到产品推广的目的。

（7）收集市场信息。市场营销策略的制定，离不开各种市场信息的收集，利用电子邮件可以获得许多有价值的第一手调查资料，如行业发展动态、调查统计资料、市场供求信息等。

（8）在线市场调查。利用电子邮件开展在线调查是网络市场调研中常用方法之一，具有问卷投放和回收周期短、成本低廉、调查活动较为隐蔽等优点。

（四）网络营销的第四个常用工具——博客（Blog）与 RSS

1. 博客

博客（Blog），有些地方也称为网志或网络日志，其全名是 Web Log，后来缩写为 Blog。

2. RSS

RSS 英文名为 Really Simple Syndication。RSS 与博客联系密切，很多博客网站和新闻网站提供 RSS 服务，是一种新型的信息传递技术。

（五）其他网络营销工具

1. 电子书（E-Book）

电子书的主要特点是：信息完整并可长期保存；可以离线阅读；便于继续传播；营销和广告信息形式灵活；营销效果可以测量。

2. 即时信息（IM）

即时信息在网络营销中的应用如下：

（1）实时交流增进顾客关系。

（2）在线顾客服务。

（3）在线销售中的导购服务。

（4）网络广告媒体。

（5）病毒性营销信息传播工具。

即时信息作为网络营销工具的问题如下：

（1）即时通信软件繁多，不同 IM 互通问题尚未解决。

（2）传递大量信息或者一对多信息有困难。

（3）即时信息传递信息不够规范，商务应用场合有限。

四、网络营销方法

常见的网络营销方法有无站点网络营销、基于网站的网络营销和无线网络营销。

1. 无站点网络营销方法

（1）信息发布、网络社区、分类广告等；网上商店、网上拍卖等。

（2）BtoB 信息平台：阿里巴巴、慧聪，等等。

（3）网上商店：淘宝网、6688、ebay。

（4）博客营销：博客网、新浪博客。

（5）网络社区：SNS、论坛等。

（6）电子邮件营销。

（7）网络黄页、网络广告、分类广告等。

2. 基于网站的网络营销方法

（1）搜索引擎营销。

主要作用：网站推广、网络品牌建设、产品促销等。

基本形式：分类目录登录、搜索引擎优化、付费关键词广告。

（2）许可 E-mail 营销。

主要作用：目标用户定位、增强顾客关系、提高品牌忠诚度等。

常见形式：内部列表 E-mail 营销、外部列表 E-mail 营销。

(3) 网络广告。

主要作用：品牌宣传、产品推广、网站推广。

常见形式：BANNER 广告、关键词广告、分类广告、赞助式广告、E-mail 广告等。

(4) 网站资源合作。

常见形式：网站交换链接、用户资源合作、广告资源合作。

(5) 病毒性营销。

病毒性营销是指利用用户之间的主动传播来实现营销信息传递的营销模式。病毒性营销并非传播病毒，而是利用用户之间的主动传播，让信息像病毒一样扩散，具有成本低、效率高的特点。病毒性营销的实质是在为用户提供有价值的免费服务、免费信息的同时，附加了一定的营销信息。

(6) 网络会员制营销。

主要作用：分销渠道、增加销售、广告价值。

常见领域：在线零售、软件下载、用户注册、关键词广告、收费邮箱。

网络会员制营销的基本原理：网络会员制营销是通过利益关系和电脑程序将无数个网站连接起来，将商家的分销渠道拓展到地球的各个角落，同时为会员网站提供了一个简易的赚钱途径。

网络会员制营销模式具有七项基本功能：

- 按效果付费，节约广告主的广告费用。
- 为广告主投放和管理网络广告提供了极大的便利。
- 扩大了网络广告的投放范围，同时提高了网络广告投放的定位程度。
- 大大拓展了商家的网上销售渠道。
- 为加盟会员网站创造了流量转化为收益的机会。
- 丰富了加盟会员网站的内容和功能。
- 利用了病毒性营销的思想，形成强有力的网络推广资源。

会员网站如何获得更多收益：

- 注意网络会员制营销的选择，认真挑选那些具有高点击率和转化率的商业网站，争取总的收益最好，而不是参与数量；联盟广告与自己网站的内容是否有关以及广告是否值得信任。
- 天下没有免费的午餐，赚钱没那么容易：首先要建设一个对用户有吸引力的网站；需要提供新鲜的、有价值的内容；对网站要有必要的推广；要有足够的耐心。
- 完善会员网站建设，要尽可能提高网站访问量，不断吸引新的访问者；注意网站的易用性，尤其不要出现联盟链接代码错误。

3. 无线网络营销

(1) 无线网络营销的基本形式。

无线网络用户希望在手机等无线设施上获得本地服务内容，在本地服务内容中，交通提示、餐馆预订、天气预报等服务成为最多用户期望获得的无线服务，也成为最有价值的手机服务。

(2) 无线网络营销的主要问题。

无线网络营销存在的主要问题有：用户许可、营销方法、服务质量、个人信息保护问题等。

课堂活动

利用第三方平台建立网站：在“慧聪”网站上申请买卖通会员账号，免费开通玉渊阁玉饰股份有限公司企业网站。

任务二 经营网店

任务情境

作为电子商务专业的学生，必须要在淘宝上开设自己的网店，珊珊同学就在淘宝网上进行了注册，取得了淘宝网会员资格，并提交身份证明及银行账号进行支付宝认证，取得在淘宝网出售商品的资格。

案例导入

一、注册淘宝网会员

第一步：打开淘宝网，点击“免费注册”。

第二步：进入注册页面后，填写基本注册信息。

第三步：账户激活。账户激活可以使用两种方法，即手机验证（绑定手机作为联系方式）和邮箱验证（绑定电子邮箱作为联系方式）。

二、手机验证

填写手机号码，必须是未被注册使用的手机号。进入该页面，说明之前提交的注册信息已成功，此时您已有了一个未激活的淘宝账户，需要输入手机收到的校验码进行激活，若您不小心把该页面关闭了，不用着急，进入登录页面输入账户名和密码，点击“登录”，该页面又会出现。

输入手机收到的校验码后验证；校验成功后，淘宝账户即注册成功；若填写注册信息时，未选择使用该手机创建支付宝账户，可进入“我的淘宝”首页绑定支付宝账户。

三、邮箱激活

点击“使用邮箱验证”切换至邮箱注册的方式；填写电子邮箱，必须是未被注册使用的电子邮箱。

绑定邮箱作为联系方式时，需要通过一个手机号来收取动态校验码，该手机号可以是任意手机号（包括已在淘宝注册过的手机号）。

输入手机收到的校验码后验证；校验成功后，淘宝将立即发送激活邮件到该电子邮箱；前往电子邮箱收取激活邮件，阅读激活邮件内的提示信息，并完成激活，激活账号后，点击“完成注册”即注册成功。

相关知识

一、网店与实体店的区别

实体店开店受很多条件限制，成本比较高，并非所有人都可以开的。而网店的开设较为简便，除了商品等成本，几乎就没什么其他开支了。

网店不受地域的限制，商品可以在交易平台向各地的买家展示。而实体店的销售范围比较小，所以地理位置的选择很重要。

网店的管理比较容易而且不需要很多的时间，边工作边开店都可以，不会占用太多的时间。实体店需要大量人力和时间的投入，管理更没有网店方便。

网店的商品不能让买家接触得到，也很难进行比较，所以主要靠网店的信誉和对商品的描述。实体店可以把商品展示在消费者面前。

二、网上开店平台的分类

网上开店平台基本上可以分为两类：一类是基于第三方运营商的运营平台，例如淘宝、拍拍、有啊等；另一类是互联网上的独立商城平台。

在选择平台的过程中，要结合自身的优势来选择，如果对互联网规则不熟悉，建议先在基于第三方运营平台上开店来熟悉网商开店的基本规则，同时熟悉互联网的规则。如果以前从事过互联网类的工作，建议采取独立商城式的网店平台，这样做大做强的几率会增加很多，同时基于第三方运营平台的网商要想运营更强大，在熟悉基本规则后也应选择独立的第三方平台开设独立商城，将基于第三方运营平台的网店开成自己众多分支中的一个。

三、选择开店平台时应注意的事项

选择开店平台时，须注意以下事项：

(1) 平台的技术稳定性和安全性。这一条是开店时选择开店平台的重中之重，一定要选择安全可靠的开店平台。

(2) 便捷的应用操作。开店平台的使用者为买家和卖家，是否能方便操作是给买家用户的第一印象，如果操作烦琐复杂，就会丢失买家用户，同时也会对卖家用户造成信心损失。

(3) 长期的目标规划。随着网络的发展，针对自己的店铺一定要有长久持续发展的理念，并根据不同时段进行个性化修改，网店的平台在发展过程中的扩展显得尤为重要，在选择平台时一定要选择有长久目标规划的开店平台，以防止在未来更换平台造成不便。

四、网店经营的七大技巧

1. 合理的宝贝标题

搜索的关键性不言而喻，设计标题则显得更为重要。如何给宝贝起个好标题呢？关键词＋促销语是个不错的选择。关于宝贝标题，淘宝大学里有相关文章介绍，新手不妨多多学习参考一下。

2. 较好的宝贝描述

如果你销售的宝贝并非广为人知，则需要好好在宝贝描述上下些工夫。一般宝贝描述至少在50字以上。宝贝描述包括图片、文字、格式编排。网店因为是CtoC，因而宜采用第一人称口吻，以更语气化的方式进行描述。

3. 给店铺好好装修一下

如果有资金或者对网店的前途充满信心，建议买个旺铺，然后好好地设计店招以及促销栏等。好的店铺装修会更加吸引人和更值得信赖，正如平时逛街的时候我们更青睐装潢漂亮的店铺一样。当然，不是旺铺也可以尽量装点得漂亮些，如自己设计个性化的宝贝描述模板，上传一个好的店标等。

4. 参加一些有偿服务

一些有偿服务购买后还是有点效果的。例如商家会员、广告、代销、信息流等，对客户转化率的提高非常重要。

5. 想方设法提高网店的信誉度

虽然有报道称部分电子商务平台信誉制度存在一些问题，但网店的信誉度依然是许多买家衡量一个店铺好坏的重要指标。因此想方设法提高网店的信誉度显得十分重要。

如何提高网店信誉呢?

(1) 让更多的客户购买本店商品。

(2) 让所有购买本店商品的顾客均购买3～5件甚至更多的商品。

6. 网店讲究时效性

假如网上客服的在线时间短，反应速度慢，都会出现消费者流失的情况。宝贝的发布时间也是十分重要的。

7. 运用一些促销手段

很多网店的成功不仅仅是每天的等待，更有各种营销策略的成功运用，许多市场营销的手段也可以很好地运用于网络营销平台。

网店的运营需要时间和经验的积累，仅凭一时的冲劲难以成气候，因此有志于进入网店销售的商家，也需要做好打持久战的准备

五、经营网店要注意的问题

1. 开店的货源

开网上商店，首先要解决好自己的货源问题。货源选择与经营店铺的性质息息相关。在确定了店铺的经营方向以后，店主可以根据自己的个人需要来选择货源。如何能拿到既便宜又优质的货物，是开好网店的重要环节。货源的选择会直接影响网店销售，因此货源的选择一定要慎重。寻找货源主要有以下几种方式：

(1) 合作经营。借助别人的货源，或采用与之合作的方式，这样比较容易经营，对于网店来说也没有什么顾虑。

(2) 代理。在网店上代理他人的商品也是很好的一个办法，此时只需要努力推销即可，不需要担心货源的选择。

（3）进货。想要经营好自己进货的网店，需要个人有准确的定位，因为自己进货会造成一定的资金成本，承担的风险也较大。

（4）实体店铺。自己拥有实体商店的话，那么电子商务就成了一个拓展销售的平台。

2. 物流问题

对于买家来说，买了商品当然不想迟迟收不到，或遇到其他的种种问题。对于商户来说，也不愿意出现商品已经发出去了，买家却还在催促的情况。开店的时候如何来保证自己的物流，是每个商户必须解决好的问题。同时对于商户来说，如何降低自己的物流成本也是很重要的。

采用邮寄最简便、最安全，但是邮寄不一定是最省钱的，还需要网店的店主亲身实践，才能找到既安全又方便的办法。一般使用邮局的比较多，也更可靠，但店主自己要了解一些邮寄的细节；还可以选择物流或速递公司，这时需要考虑的是信用。挑选一家适合自己的物流或速递公司，把所有的物流单子都交给一家公司，会使物流成本降低。

3. 网店的营销手段

（1）价格低。网上开店成本低，价格自然比实体店便宜，不过一定要确保不会因为价格的下降导致商品质量也下降。

（2）诚信。对于网店的商品，买家未必能了解到商品真实的一面，所以诚信是电子交易的重要因素。

（3）折扣和促销活动。网上商品也是由人来购买的，消费者都希望能买到便宜的商品，所以打折促销是一种有效的手法。多做推销活动能提高商铺的知名度、影响力，很可能会因为一次成功的活动而让网店发生大的改变。

4. 如何让网店盈利

网店能够带来利润才是最实际的，实体店有许多的成功模式可供大家参考，如何保证盈利也是大家最为关注的。

对于电子交易平台，诚信是最为重要的。其次，是商品价格、商品宣传、商品的市场需求量，等等。

以下几个方面都是影响销售和盈利的主要因素：

（1）商品定价。计算好商品的成本，包括采购成本、运费成本、通信费用，等等。价格要订得尽量低一些，以此提高竞争力。

（2）商品。看清流行的趋势，把握不同的销售热点。

（3）信誉。网上经营最主要的就是信誉，好的信誉会留住和吸引买家。

（4）商品信息。制作商品图片和进行商品描述是很重要的，因为在网络上，好的商品如果没有得到充分的描述和表现，就没有办法吸引买家。

课堂活动

一、活动目的

1. 加江湖好友、淘帮派 。在淘江湖中添加好友，形成自己的社交圈，为网店推广积累人脉。

2. 加入帮派，寻找一些有共同爱好和话题的人，为将来做社区推广积累人气。

二、活动内容与步骤

（一）在淘江湖添加好友

1. 进入“我的淘宝”，点击页面上“我的江湖”，或者从淘宝页面右上角的“我的江湖”进入淘江湖的“个人中心”。

2. 在“找人”搜索框内输入待添加的好友的真实姓名或淘宝用户名进行查找。

3. 点击“加为好友”按钮，好友即告添加成功。

4. 点击“邀请”按钮，在系统筛选出的“我可能认识的人”头像下点击“＋”号按钮进行添加，也可以将邀请好友链接直接通过 QQ、旺旺等工具发送给对方。

（二）加入淘帮派

1. 点击“我的淘宝”—“应用中心”—“淘帮派”—“我的帮派”。

2. 在页面右上角的搜索框中输入帮派名称的关键词“淘宝大学”进行查找。

3. 在搜索结果中随便点击一个帮派类型为“公开”且成员不到 20 000 的进入。

4. 点击帮派首页右上角的“加入这个帮派”即可马上加入。如帮派类型为“半公开”的，申请加入时需要等待管理员批准以后才能加入。

5. 可以通过搜索帖子、发帖的淘宝用户以及社区首页推荐的图文来发现更多五花八门的帮派，然后有选择地加入或添加到“我关注的帮派”里。

体验 SoLoMo 营销

任务情境

随着淘宝店铺的开张，珊珊同学的生意渐渐有了起色，为了提高营业额，珊珊与好友决定利用自己的微信朋友圈、微博粉丝群进行宣传。

案例导入

康师傅每日 C：鲜享新味 SoLoMo 试饮新营销

1. 市场环境

2011 年夏，康师傅每日 C 更换新名称、新包装、新代言人，金桔柠檬新口味上市试饮，品牌“时尚、健康、有活力”的诉求也需要新的、具有差异化的阐述。

2. 目标受众

18～29 岁年轻人群。

3. 营销目标

(1) 提升康师傅每日C品牌偏好。

(2) 带动线下每日C金桔柠檬新品试饮，让试饮成为事件。

4. 消费者洞察

(1) 毋庸置疑，"80后"、"90后"是"无网不欢"的一代，上社交网络是他们的普遍行为。

(2) 特殊的是，他们喜欢随时随地地展示自己，经常使用手机访问社交网络分享自己的生活。

5. 核心创意

让试饮反客为主，社交网络加LBS签到，实现空中与地面的无缝衔接！

(1) 由于牵涉到试饮的需求，康师傅每日C大胆尝试了最前沿的SoLoMo营销——签到、试饮、发状态。

(2) 在线下，通过人人网的人人报到功能在试饮点附近一公里进行签到，会直接获得试饮活动的通知。

6. 效果

(1) 活动基本数据：短短12天内，10 000份礼盒全部发出，其中60%以上的签到来自人人网。而线上的参与也有53万人之多，并产生12.4万的分享，整个活动合计曝光给了超过2 000万的品牌目标受众。

(2) 空中：人人Web活动站曝光1 823 405人；参与531 535人；分享123 891人。

(3) 地面：人人客户端+人人WAP站短短12天，在超过10 000次的手机报到中，成功到线下换领赠饮的比例达90%以上，其中60%以上的报到来自人人网，实际效果显著。

(4) 空中加地面：口碑传播扩散，影响人人网2 000余万用户。

相关知识

SoLoMo是由著名风投公司合伙人约翰·杜尔首先提出的概念。他把最热的三个关键词整合到了一起：Social（社交）、Local（本地化）和Mobile（移动）。SoLoMo被一致认为是互联网的未来发展趋势。技术的变革必然会带来商业模式的变革以及营销方式的变革。所有的营销策划、宣传推广都应该具备社会化、本地化的特点，并且应该保持对于移动领域的密切关注。

一、何为SoLoMo

社会化网络实现了信息的分享及社会化关系链传播，为SoLoMo在营销上实现了更加精准的人群定向，进一步放大了营销收益。

1. Mobile（移动）：SoLoMo的技术支撑

Mobile（移动）是趋势，也是载体。移动互联网技术的发展，促使互联网冲破个人计算机枷锁，开始将网络营销从桌面的固定位置转向不断变动的人本身。正是因为智能手机的普及，才将Social、Local、Mobile三者联系起来。以苹果IOS和谷歌Android为代表的新一代移动互联网不断更新的应用模式与体验模式，不断触碰用户的快感神经，保持着他们蜂拥而上的顶礼膜拜。移动互联网的高速发展，使拥有移动设备的人群急剧增加，直接促进即时搜索功能的发展，为SoLoMo的普及提供了技术上的支持，直接为“Lo”这一移动互联网的典型服务模式发挥商业价值提供了保障，也为用户消费体验的及时上传和分享提供了载体。

2. Local（本地化）：SoLoMo服务的地理基础

在Mobile技术的支撑下，商家可以确定移动设备或用户所在的地理位置，甚至知道该用户的生活半径、消费水平、口味喜好等，然后有针对性地提供与位置相关的各类信息服务。

3. Social（社交）：为SoLoMo聚集人气

经过10多年的发展，社交网站目前已经进入成熟阶段。国内较为成功的社交网站人人网和开心网的注册用户已经突破1亿，凭借在线小游戏、日记分享、照片分享等服务内容，人气不断飙升。社会化网络基于人与人之间的多向互动及信任推荐实现了信息的分享及社会化关系链传播，为SoLoMo在营销上实现了更加精准的人群定向，进一步放大了营销收益。

二、SoLoMo时代企业面临的新挑战

SoLoMo使信息传播方式发生了深刻变化，从根本上改变了人们以前的上网方式、信息获取方式、互动交流方式，也改变了企业与消费者的互动方式。就企业营销而言，SoLoMo概念的提出，符合品牌传播从企业单方面计划、推动，到与目标消费群共同实施的潮流。当前，品牌为目标受众所熟知的过程，已从单一的信息传播、诉求传达中走出，开始深度融入消费者的日常生活。品牌在传播、沟通中，借助社会化媒体的帮助，使消费者完成从单纯物质需求依赖到情感认同的过渡，并最终实现对品牌商业价值的回报。同时，企业营销人员对SoLoMo营销还处于摸索阶段，或者说很多企业都还没有开展SoLoMo整体营销的意识，还没有意识到Lo和Mo的重要性，缺乏如何把三者进行有效的关联而建成立体的SoLoMo营销网络的经验。但是不管怎样，行动者才有可能是赢家。企业应该从现在开始，拥抱SoLoMo浪潮，提前对SoLoMo进行布局。在SoLoMo大潮面前，企业营销工作应该采取立体化营销策略。

1. 创建企业的社会化媒体营销地图

社交网络营销的趋势是不可逆转的，既然这样，我们就要勇于接受它，和它一起成长。前几年，比较热门的社会化营销工具是论坛、博客、开心网、人人网等。如今，微博成为时下最热门的营销工具。针对这样的变化，企业的营销策略也应该做出相应的调整。企业要创建自己的社会化媒体营销地图，并应把营销工作看做一项开疆拓土的任务，当有新的社会化媒体出现的时候，企业营销人员就要去拓展自己的地图，不断地挖掘和发现新地图上的营销资源，同时还应该注意对地图使用的优化和创造。

以传统行业为例，社会化媒体营销地图包括：论坛（ID）、博客、开心网、人人网、微博、轻博客、百科等，一切能够帮助企业、品牌提升知名度、美誉度，促进销售为目的的互联网应用都可以放入我们的社会化媒体营销地图。

建立社会化媒体营销地图是第一步，对营销地图中的领地的管理维护才是最重要的，因为只有我们对自己的领地进行有效管理，我们的领地才会结出丰硕的果实。这里的管理主要是指对博客、论坛（ID）、企业微博、机构主页的内容维护、活动策划等，而且这个管理维护是持续的、有规划的。当然，对企业社会化媒体营销地图的维护也需要突出重点，比如现在最热门的是微博营销，我们对微博营销的精力就应该多投入一些，资源投入更多一些。在对地图资源进行维护的同时，我们也要注意地图资源相互间的配合策略，比如博客、微博、轻博客三者之间可以形成互补的关系，根据企业、品牌的情况，博客可以成为传统行业企业、品牌历史、新产品发布、公司新闻等的发布载体；微博可以做成企业、品牌的小管家，即能够随时响应用户的各种反馈，也可以发动用户参与企业的活动，还可以成为博客深度文章的发布窗口，即时发布、即时维护，即时进行信息收集、反馈；轻博客则可以收集两者的优秀文案、精美图片，也可以发布有价值的企业、品牌文章、图片、行业观点等。

2. 建设企业的移动口碑网络

位置服务（Location Based Services，LBS）作为一种新兴的应用，它依托 GPS 定位等新技术，把虚拟的社会化网络和实际的地理位置相结合，并可以将用户信息按照地理位置进行组织。这种虚拟与现实相结合的特点是 LBS 应用的核心，也是企业和商家最看重的核心营销价值。

社交网络发展之前，通常是大品牌比较关注自己的用户口碑，但是 LBS 的出现改变了这一状况，不但大品牌关注自己的口碑，区域性品牌或者地方连锁企业也非常关注自己的口碑。社交网络时代，网民对品牌的认知将不再局限于从新闻、博客、论坛、微博、Facebook 等社交网络获取信息，网民消费会更多参考品牌在（本地）LBS 网络的口碑指数作为指导，品牌口碑指数将更加直观、具体、真实。随着 LBS 的逐渐发展和用户对商家评论的增加，LBS 平台将对商家的口碑进行评级，或者用颜色、符号在 LBS 地图上进行标识，以方便消费者对商家口碑进行区分，LBS 品牌口碑搜索也将成为消费者常用的工具。会有越来越多的商家入驻 LBS 平台，依托 LBS 平台开展营销活动，同时 LBS 平台也将采集越来越多的商家信息加入平台。LBS 平台将成为一张商家基本信息 ＋ 网友口碑为主的 LBS 口碑地图。企业应从现在开始，把 LBS 平台列入社会化媒体营销地图中并进行管理维护。对于 LBS 应用，国内外各平台目前都还处于起步摸索阶段，所以企业在选择 LBS 平台开展营销的时候，可以选择实力雄厚一些，对项目投入较大，用户体验较好，功能相对完善的两三家平台开始，这样既能规避风险，同时也能为 LBS 平台的地图资源管理维护积累一些经验。

3. 让企业在移动中得到实惠

移动互联网使人摆脱了个人电脑的束缚，让人们可以随时、随地、随性地使用网络，利用网络。iPhone、iPad 和 Android 设备的出现，彻底改变了无线应用方式；苹果推出的 Siri 技术，加上电信运营商、第三方支付的移动支付业务日趋成熟，移动电子商务展现出比 PC 端更广阔的前景。京东、淘宝、麦考林、凡客等都十分看好移动电子商务领域的前景，相继推出了各自的客户端，大举进军移动电子商务市场。淘宝认为，未来无线电子商务会超越个人电脑电子商务；京东商城表示，布局移动电子商务并将以此全面实现跨平台服务战略。电商 APP 对企业有着重要意义，它是移动互联网时代的电商新入口，能让用户在购买时掌握消费品的相关信息，做到货比三家。幸运的话，它会成功地带来订单，而无所谓订单是否在手机上完成。

随着移动互联网的进一步发展，移动电子商务融入我们的日常生活是大势所趋，它将为我们带来更多的生活便利。企业营销的最终目的是为了达成交易。在人们创建了企业的社会化媒体营销地图和努力提升移动口碑的同时，还需要进一步开发企业自己的电商 APP，或者在前面二者的基础上开展社区电子商务。当然，企业电商 APP 和社区电子商务的开展需要更多的技术和营销力量，这就需要企业有相应的投入和心理准备。做好以上几点，即能把 Social（社交）、Local（本地化）和 Mobile（移动）三者进行结合，构建一个立体化的企业营销网络，使消费者更易对品牌形成全面、立体的认知，通过人际传播获得品牌相关信息，然后通过本地化和移动应用，进行深入体验，最终将理性和感性认识相关联，为品牌的二次传播和深入人心奠定坚实的基础。通过"So"、"Lo"、"Mo"的融合，品牌所需传播的信息可被大规模共享和重组，目标受众从传统的静态接受转为主动参与。品牌信息通过人际关系、地理位置、移动应用等链条，与目标消费人群形成更加紧密的联系。毫无疑问，媒体的社会化已成潮流，社交平台在当下乃至未来很长一段时间内，都将成为品牌传播矩阵中不可或缺的一部分，"Lo"和"Mo"依托"So"的发展而发力，借助社交平台的成长繁荣，得到持续、深入的发展。

课堂活动

一、活动目的

一次 SoLoMo 体验。

二、活动内容与步骤

1. 利用生活类 APP，如美团网、大众点评网、糯米网等团购 APP，进行一次试用或试饮活动。

2. 在学校/家附近进行 SoLoMo 体验。

3. 完成后，请上交 300 字左右的体验报告。

【思考题】

1. 企业网站如何才能发挥其网络营销价值？

2. 简述 SoLoMo 营销对电子商务带来的影响。

【综合实训】

体验并分析 ME&CITY 网站的移动无线营销。

网络信息推广

学习目标

1. 了解网络信息推广的方法。
2. 掌握网络信息推广的形式。

学习内容

1. 网络广告的概念、传播方式、特点、发布方法与策略、主要形式。
2. E-mail 营销的概念、特点、基本功能及一般过程。
3. 搜索引擎营销的概念、模式、优点、优化与运用。
4. Web 2.0 营销的概念、技术。
5. Web 3.0 概述、基于 Web 3.0 网络营销的策略分析。

教学方法和建议

以案例入手，使学生了解网络信息推广的方法，通过上网实训使学生掌握网络信息推广的具体应用。

建议课时

任务一：发布网络广告	2 课时
任务二：实施 E-mail 营销	2 课时
任务三：应用搜索引擎	2 课时
任务四：Web 2.0 营销	2 课时
任务五：Web 3.0 营销	2 课时

市场分析家们认为，企业营销网站需要借助不同的媒体大力宣传，特别是要借助于传统的广告媒体。网络信息推广主要有以下几种方式：发布网络广告、实施 E-mail 营销、应用搜索引擎、Web 2.0 营销、Web 3.0 营销等。

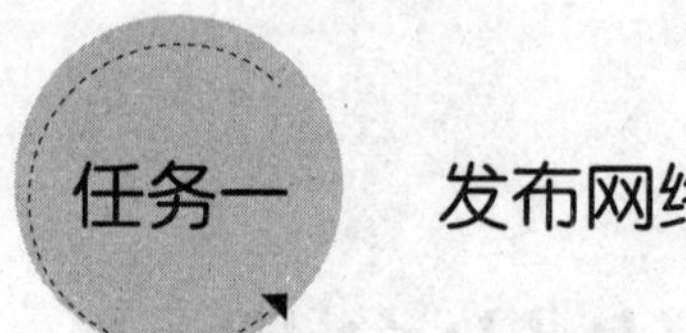

任务一 发布网络广告

任务情境

珊珊同学从书本上得知，网络广告是利用网站上的广告横幅、文本链接、多媒体等方法在互联网刊登或发布广告，通过网络传递到互联网用户的一种高科技广告运作方式。她专门上网去查看这些网络广告，看看有什么特点。

案例导入

认识标志广告（BANNER）的形式

通过认识和点击一些 BANNER 广告，了解 BANNER 对网络营销中的作用，如何有效地支持网络营销；认识利用 BANNER 实现网络营销目的的手段和工具。

（1）了解 BANNER 的基本知识和发展状况。

BANNER 广告（见图 5—1、图 5—2、图 5—3）一般放在网页上的不同位置，在用户浏览信息的同时，吸引用户对广告信息的关注，从而获得网络营销的效果。

最常用的是 480×60 像素的标准标志广告，早期还有一种略小一点的广告，称为按钮式广告（BUTTON），其常用的尺寸有 125×125（方形）、120×90、120×60、88×31。

图 5—1 BANNER 广告一

图 5—2 BANNER 广告二

图 5—3　BANNER 广告三

（2）登录“中华网 BANNER 广告”资源（见图 5—4）。

第一屏的 BANNER

第二屏的 BANNER

图 5—4

（3）点击 BANNER 广告（见图 5—5，链接到了艾美力克地暖）。

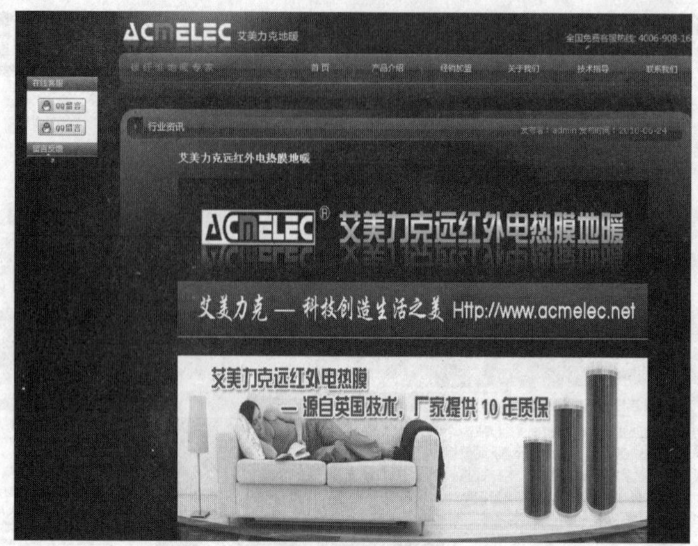

图 5—5 点击 BANNER 广告

相关知识

一、网络广告的概念

与传统的四大传播媒体（报纸、杂志、电视、广播）广告及近来备受青睐的户外广告相比，网络广告具有得天独厚的优势，是实施现代营销媒体战略的重要组成部分。互联网是一个全新的广告媒体，速度最快，效果很理想，是中小企业扩展壮大的很好途径，对于广泛开展国际业务的公司更是如此。

目前，网络广告市场正在以惊人的速度增长，网络广告发挥的作用越来越重要，以至于广告界甚至认为互联网络将超越路牌，成为传统四大媒体（报纸、杂志、电视、广播）之后的第五大媒体，因而众多国际级的广告公司都成立了专门的“网络媒体分部”，以开拓网络广告的巨大市场。

二、网络广告的特点

网络广告有三个主体，即：广告主、广告受众、网络，这三个主体之间的关系见图5—6。

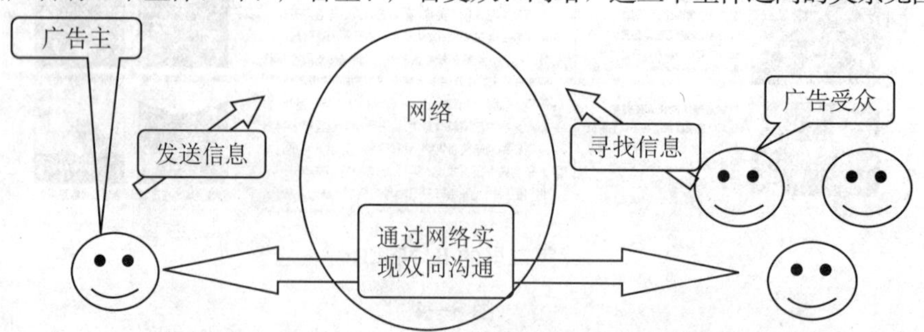

图 5—6 三个网络主体之间的关系

网络广告具有如下特点：

（1）可定向性和交互性。

（2）信息量大。

（3）灵活便捷性。

（4）成本低。

（5）形式丰富，感观性强。

（6）传播范围广。

（7）受众数量可准确统计。

（8）计价方法更为科学。

三、网络广告的主要形式

根据美国网络广告署（Internet Advertising Bureau，IAB）的分类，网络广告可分为如下几种：

（1）企业站点/主页（Website Homepage）。

（2）按钮广告（Button）。

（3）横幅/旗帜广告（Banner）。

（4）插播式广告（Interstitials）。插播式广告又可分为弹出式广告、弹入式广告、过渡式插入广告和智能插播式广告。

（5）分类广告（Classifies & listings）。

（6）电子邮件广告（E-mail）。

（7）关键词广告（Key Words）。

（8）文字链接广告（Text link）。

（9）浮动广告（Floating Icon）。

（10）赞助式广告（Sponsorship）。

（11）其他：互动游戏式广告、画中画广告等。

四、网络广告的测量和定价

1. 网络广告效果的测量

网络广告效果通过以下几项指标进行测量：

（1）广告浏览（Ad View）。

（2）页面浏览（Page View）。

（3）广告点击（Ad Click）。

（4）点进率/点击率（Click-through Rate/Ad Click Rate）。

（5）点击（Hit）。

（6）印象（Impression）。

（7）访问（Visit）。

（8）重复访问数量（Return Visits）。

（9）重复访问者（Repeat Visits）。

（10）独立用户数（Unique users）。

（11）流量（Traffic）。

(12) 送达（Reach)。

2. 网络广告定价模式

网络广告定价模式包括：每次行动成本、每次点击成本和每次交易成本。

每次行动成本（Cost per Action，CPA）是指根据每个访问者对网络广告所采取的行动收费的定价模式。

每次点击成本（Cost per Click，CPC）包括：

(1) 根据广告被点击的次数收费。

(2) 千次印象成本（Cost Per Thousand Impressions)。

(3) 网络广告每显示 1 000 次（印象）的费用，这是最常用的网络广告定价模式。

(4) 每次交易成本（Cost Per Order，CPO)，也称为 Cost Per Transaction，是指根据每个订单/每次交易来收费的方式。

(1) 定向用户的千次印象成本（Cost Per Target Thousand Impressions)。

(2) 定向（Targeting)：对受众的筛选和过滤。

(3) 网络广告的出现是根据广告主对浏览者提出的要求来决定的。

(4) 固定费用（Fixed Cost)：类似于场地租赁费用，即按照广告在某一媒体的播放时间计费，如包月费用、包年费用，和广告被点击和浏览的次数无关。

五、网络广告的营销管理过程

网络广告的营销管理过程见图 5—7。

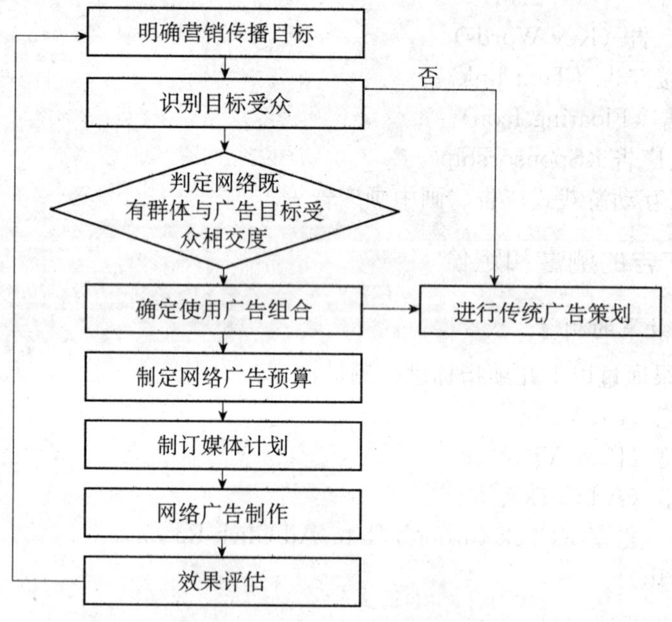

图 5—7 网络广告的营销管理过程

1. 明确营销传播目标

(1) 建立品牌认知或偏好。

(2) 促使顾客即时购买。

（3）刺激客户交互行为。

（4）识别目标受众。

2. 制定网络广告预算

（1）依据：所要达到的广告目标。

（2）方法：根据不同市场差别、品牌定位和竞争对手策略制定预算。

（3）预算模式：销售百分比法、目标任务法等。

3. 制订媒体计划（广告组合）

（1）媒体选择。

不同的媒体，宣传效果有所不同，具体差别见表5—1。

表5—1　媒体效果对比

媒体类型	电视	报纸杂志	户外广告	互联网
时间	制作周期长，播放时间限制大	制作周期长，播放时间限制大	制作周期较长，播放时间限制较小	制作周期短，不间断播放
传播范围	较广	较广	较窄	很广
反馈效果	及时反应能力弱	及时反应能力弱	及时反应能力弱	交互式实时反应
检索能力	无	差	差	实时多次检索
成本	高	中	中	低
可统计性	不强	不强	不强	强
灵活性	低	低	低	高

在确定所采用的广告组合后，在具体选择合作网站时，需要考虑以下因素：网站质量与技术力量、访问量、定向功能、可靠性、计费方法、管理水平等。

（2）网络广告形式选择。

选择网络广告形式时，可对不同类型的网络广告进行组合，具体见图5—8。

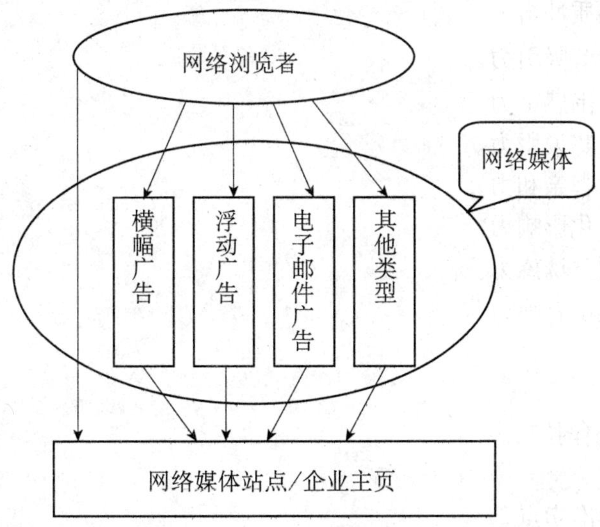

图5—8　不同类型网络广告组合

(3) 进度安排。

在广告进度安排方面，要考虑连续性、周期性、间歇性、密度等因素，具体见图5—9。

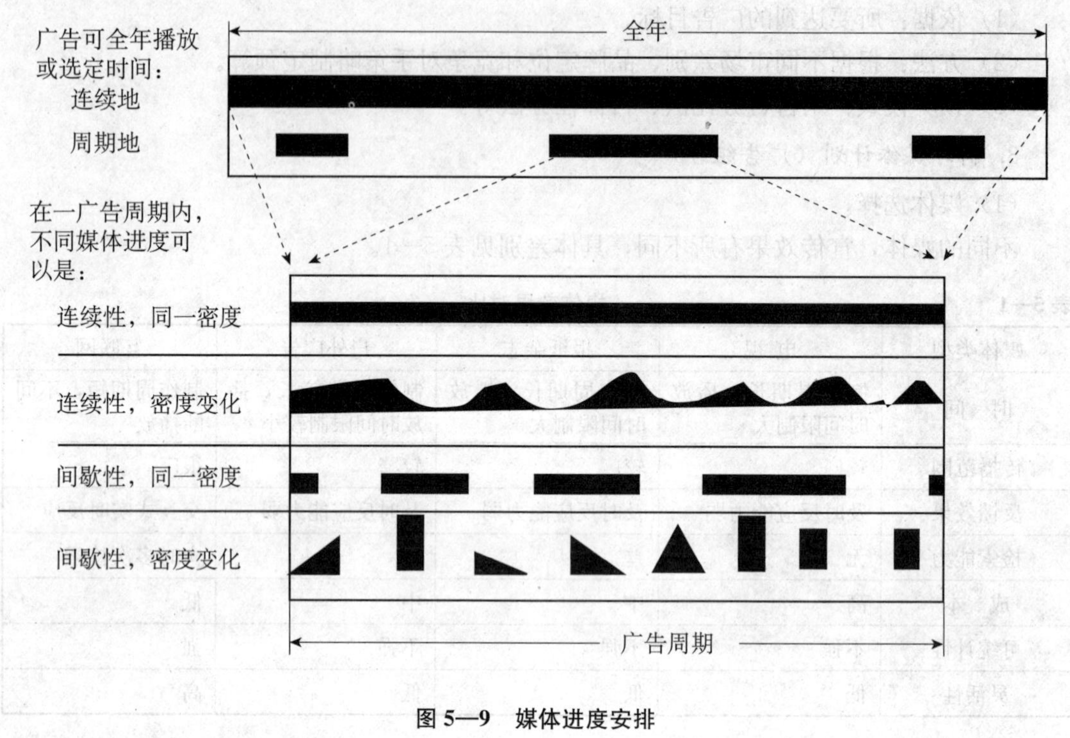

图 5—9 媒体进度安排

4. 网络广告制作

(1) 网络广告创意。

感性诉求创意：

- 感知效应：品质冲击力。
- 情趣效应：情节吸引力。
- 情感效应：氛围感染力。
- 理解效应：事实说服力。
- 记忆效应：品牌亲和力。
- 社会效应：文化影响力。
- 机会效应：利益诱惑力。
- 行为效应：点击召唤力。

技术创意：

- 富媒体

(2) 网络广告制作技巧。

横幅广告：

- 选好主题，找准卖点。
- 文字精练，标新立异。

- 色彩清晰，有视觉冲击力。
- 善用动画，时常更新，增加吸引力。

企业主页：

- 与企业形象、风格一致。
- 标识一致性。
- 色彩搭配，企业 LOGO。
- 版式设计，内容编排。
- 应答能力。

(3) 网络广告制作中的问题。

- 设计主题不明确。
- 广告信息内容差异的影响。
- 广告设计缺乏吸引力。
- 广告字节数过大。

5. 网络广告效果评估

(1) 效果测试。

- 最直接评价标准：被下载次数、点击率。
- 最终评价标准：响应率、转化率、销售额等。

(2) 评估方法。

- 对比分析法。
- 加权计算法。
- 点击率、转化率。

(3) 提高网络广告效果的方法

- 重视网络广告策略调研。
- 设计有针对性的网络广告。
- 优化网络广告媒体资源组合。
- 对网络广告效果进行跟踪控制。

课堂活动

一、活动目的

了解新浪网络广告产品的形式、特点以及发布程序。

二、活动内容与步骤

1. 打开新浪首页，观察各种形式的广告，看哪三个广告（位）最能引起你的注意。
2. 浏览“广告服务栏目”，列举广告产品及价格。
3. 观察广告位及效果。

实施 E-mail 营销

任务情境

珊珊除了利用微信朋友圈、微博粉丝群对网店进行宣传外，也用 QQ 邮箱将一些预售、新品信息、打折情况发送 E-mail 给好友和潜在客户。随之而来的一个问题是：珊珊如何避免自己的电子邮件成为别人的垃圾邮件呢？

案例导入

博库书城的 E-mail 营销

E-mail 营销：我们的电子邮箱经常会收到营销邮件，有宣传产品的，有宣传网站的，也有发布促销活动的，等等。图 5—10 为博库书城向客户发送的电子邮件。

图 5—10 博库书城向客户发送的电子邮件

点击进入博库书城页面（见图 5—11）。

如图 5—12 所示，可选择购买邮箱优惠产品，不过需要注册，注册后即可购买产品，此时博客书城 E-mail 营销的目的就达到了。

图 5—11　博库书城页面

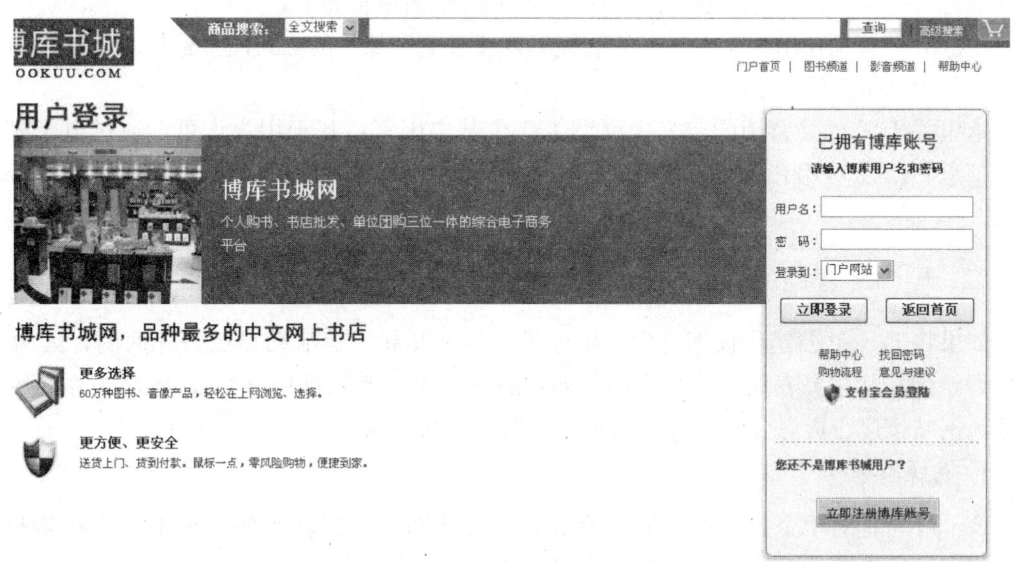

图 5—12　购买博库书城邮箱优惠产品

相关知识

一、E-mail 营销的概念

电子邮件与我们的工作和生活已经密不可分，不仅私人通信和公司正常业务联系需要电子邮件，而且电子邮件对于企业营销的价值也早已得到证实。无论是企业的管理人员还是营销人员，或者是市场营销、电子商务等领域的人士，都无法忽视 E-mail 营销所带来的巨大影响。那么，究竟什么是 E-mail 营销？如何有效地开展 E-mail 营销？在我们每天收到的许多电子邮件中，相当数量的电子邮件是未经用户许可的商业邮件，这些邮件内容包罗万象，如旅游、培训、电脑配件、留学移民、网站建设，等等，其中还有相当一部分是出售用户 E-mail 地址以及开展电子邮件广告服务的。诸如此类的电子邮件就是 E-mail 营销吗？

电子邮件并非是为营销而产生的，但当电子邮件成为大众的信息传播工具时，其营销价值也就逐渐显现了出来。“E-mail 营销”这一概念听起来并不复杂，但将 E-mail 作为专业的网络营销工具，实际上并非那么简单，不仅仅是将邮件内容发送给一批接收者，而且要了解 E-mail 营销的一般规律和方法，研究营销活动中遇到的各种问题，并应遵循行业规范，讲究基本的网络营销道德。但是，目前的网络空间中却充斥着大量垃圾商业邮件，而最早的 E-mail 营销也来源于垃圾邮件（尽管当时没有垃圾邮件这个概念）。

E-mail 从普通的通信发展到营销工具需要具备一定的环境条件，如：一定数量的 E-mail 用户；有专业的 E-mail 营销服务商，企业内部拥有开展 E-mail 营销的能力；用户对于接收到的信息有一定的兴趣和反应（如产生购买、浏览网站、咨询等行为，或者增加企业的品牌知名度）。当这些环境逐渐成熟之后，E-mail 营销才成为可能。

综合有关 E-mail 营销的研究，本书对 E-mail 营销做出如下定义：

E-mail 营销是在用户事先许可的前提下，通过电子邮件的方式向目标用户传递有价值信息的一种网络营销手段。

这里关于 E-mail 营销的定义中强调了三个基本因素：基于用户许可、通过电子邮件传递信息、信息对用户是有价值的。三个因素缺少一个，都不能称之为有效的 E-mail 营销。

二、E-mail 营销的功能

如果将 E-mail 营销仅仅理解为利用电子邮件来开展促销活动显然是片面的，因为 E-mail 营销的功能主要表现在八个方面，即：品牌形象、产品推广/销售、顾客关系、顾客服务、网站推广、资源合作、市场调研、增强内部竞争力。

1. 品牌形象

E-mail 营销对于企业品牌形象的价值是通过长期与用户联系的过程中逐步积累起来的，规范的、专业的 E-mail 营销对于品牌形象有明显的促进作用。品牌建设不是一朝一夕的事情，不可能通过几封电子邮件就能完成这个艰巨的任务，因此，利用企业内部列表开展经常性的 E-mail 营销具有更大的价值。

2. 产品推广/销售

产品推广/销售是 E-mail 营销最主要的目的之一。正是因为 E-mail 营销的出色效果，使得 E-mail 营销逐渐成为最主要的产品推广手段之一。一些企业甚至用直接销售指标来评价 E-mail 营销的效果，尽管这样并不能反映出 E-mail 营销的全部价值，但也说明营销人员对 E-mail 营销带来的直接销售有很高的期望。

3. 顾客关系

与搜索引擎等其他网络营销手段相比，E-mail 首先是一种互动的交流工具，然后才是其营销功能，这种特殊功能使得 E-mail 营销在顾客关系方面比其他网络营销手段更有价值。与 E-mail 营销对企业品牌的影响一样，顾客关系功能也是通过与用户之间的长期沟通才发挥出来的，内部列表在增强顾客关系方面具有独特的价值。

4. 顾客服务

电子邮件不仅是企业与顾客沟通的工具，在电子商务和其他信息化水平比较高的领域，同时也是一种高效的顾客服务手段，通过内部会员通讯等方式提供顾客服务，可以在节约大量的顾客服务成本的同时提高顾客服务质量。

5. 网站推广

与产品推广/销售功能类似，电子邮件也是网站推广的有效方式之一。与搜索引擎相比，E-mail 营销有自己独特的优点：网站被搜索引擎收录之后，只能被动地等待用户去检索并发现自己的网站，通过电子邮件则可以主动向用户推广网站，并且推荐方式比较灵活，既可以是简单的广告，也可以通过新闻报道、案例分析等方式出现在邮件的内容中，从而获得读者的高度关注。

6. 资源合作

经过用户许可获得的 E-mail 地址是企业的宝贵营销资源，可以长期重复利用，并且在一定范围内可以与合作伙伴进行资源合作，如相互推广、互换广告空间。企业的营销预算总是有一定限制的，充分挖掘现有营销资源的潜力，可以进一步扩大 E-mail 营销的价值，让同样的资源投入产生更大的收益。

7. 市场调研

利用电子邮件开展在线调查是网络市场调研的常用方法之一，具有问卷投放和回收周期短、成本低廉等优点。

8. 增强市场竞争力

在所有常用的网络营销手段中，E-mail 营销是信息传递最直接、最完整的方式，可以在很短的时间内将信息发送到列表中的所有用户，这种独特功能在风云变幻的市场竞争中显得尤为重要。E-mail 营销对于市场竞争力的价值是一种综合体现，也可以说是前述七大功能的必然结果。充分认识 E-mail 营销的真正价值，并用有效的方式开展 E-mail 营销，是企业营销战略实施的重要手段。

三、开展 E-mail 营销的基础条件

E-mail 营销重要的不是理论有多么完善，而是实际应用，如果没有可操作性，谈论 E-mail 营销便失去了意义。将 E-mail 营销从概念应用到实践中去，需要了解开展 E-mail 营销的基本方法，这些内容包括：不同形式 E-mail 营销的特点以及开展 E-mail 营销的基础条件；利用内部列表开展 E-mail 营销的基本方法和技巧；利用外部列表开展 E-mail 营销的方法和常见问题。

开展 E-mail 营销需要一定的基础条件，尤其内部列表 E-mail 营销是网络营销的一项

长期任务。在许可营销的实践中，企业最关心的问题是：许可 E-mail 营销是怎么实现的？获得用户许可的方式有很多，如用户为获得某些服务而注册为会员，或者用户主动订阅新闻邮件、电子刊物等，也就是说，许可营销是以向用户提供一定有价值的信息或服务为前提。可见，开展 E-mail 营销需要解决三个基本问题：向哪些用户发送电子邮件？发送什么内容的电子邮件以及如何发送这些邮件？

这里将这三个基本问题进一步归纳为 E-mail 营销的三大基础，即：

1. E-mail 营销的技术基础

从技术上保证用户加入、退出邮件列表，并实现对用户资料的管理、邮件发送和效果跟踪等功能。

2. 用户的 E-mail 地址资源

在用户自愿加入邮件列表的前提下，获得足够多的用户 E-mail 地址资源，是 E-mail 营销发挥作用的必要条件。

3. E-mail 营销的内容

营销信息是通过电子邮件向用户发送的，邮件的内容对用户有价值才能引起用户的关注，有效的内容设计是 E-mail 营销发挥作用的基本前提。当这些基础条件具备之后，才能开展真正意义上的 E-mail 营销，E-mail 营销的效果才能逐步表现出来。

这里有必要指出的是，E-mail 营销是一个广义的概念，既包括企业自行建立邮件列表开展的 E-mail 营销活动，也包括通过专业服务商投放电子邮件广告。为了进一步说明不同情况下开展 E-mail 营销的差别，可按照 E-mail 地址的所有权将其划分为内部 E-mail 营销和外部 E-mail 营销，或者称内部列表和外部列表。内部列表是一个企业/网站利用注册用户的资料开展的 E-mail 营销，而外部列表是指利用专业服务商或者其他可以提供专业服务的机构提供的 E-mail 营销服务，投放电子邮件广告的企业本身并不拥有用户的 E-mail 地址资料，也无须管理维护这些用户资料。外部列表是网络广告的一种表现形式。内部列表 E-mail 营销和外部列表 E-mail 营销在操作方法上有明显的区别，但都必须满足 E-mail 营销所有的三个基本因素：基于用户许可、通过电子邮件传递信息、信息对用户是有价值的。内部列表和外部列表各有自己的优势，两者并不互相矛盾，如有必要，可以同时采用。

对于外部列表来说，技术平台是由专业服务商所提供的，因此，E-mail 营销的基础也就相应的只有两个，即潜在用户的 E-mail 地址资源的选择和 E-mail 营销的内容设计。

利用内部列表开展 E-mail 营销是 E-mail 营销的主流方式。一个高质量的邮件列表对于企业网络营销的重要性已经得到众多企业实践经验的证实，并且已成为企业增强竞争优势的重要手段之一，因此建立一个属于自己的邮件列表是非常有必要的。很多网站都非常重视内部列表的建立。但是，建立并经营好一个邮件列表并不是一件简单的事情，它涉及多方面的问题。

第一，邮件列表的建立通常要与网站的其他功能相结合，这并不是一个人或者一个部门可以独立完成的工作，将涉及技术开发、网页设计、内容编辑等方面，也可能涉及市场、销售、技术等部门，如果是外包服务，还需要与专业服务商进行功能需求方面的沟通。

第二，邮件列表必须是用户自愿加入的。是否能获得用户的认可，本身就是一件很复杂的事情，要能够长期保持用户的稳定增加，邮件列表的内容必须对用户有价值，邮件内容也需要专业的制作。

第三，邮件列表的用户数量需要较长时期的积累。为了获得更多的用户，还需要对邮件列表本身进行必要的推广，同样需要投入相当的营销资源。

四、E-mail 营销的一般过程

开展 E-mail 营销的过程，就是将有关营销信息通过电子邮件的方式传递给用户的过程，为了将信息发送到目标用户的电子邮箱，首先应该明确要向哪些用户发送这些信息，发送什么信息以及如何发送信息。

某礼品公司的 E-mail 营销方案

C 公司是一家礼品公司，主要经营水晶、宝石等系列产品。为了在圣诞、春节销售旺季期间进行产品促销，公司营销人员计划将网络营销作为一项主要的营销手段，其中 E-maill 营销是重点策略之一。由于公司在网络营销方面以前并没有多少经验，因此这次活动计划将广州这一个城市作为试点，并且在营销预算方面比较谨慎，并不打算大量投入广告，仅选择部分满足营销定位的用户发送 E-mail 广告。目前暂时没有条件开展网上销售，主要是品牌宣传，并为网下传统渠道的销售提供支持。

C 公司的网络营销现状为：公司在两年前已经建立了企业网站，网站功能比较简单，主要是公司介绍、产品介绍、水晶和宝石相关的常识等，网站上有一个会员注册区，有注册用户 1 000 多人，但很少向注册会员发送信息，最近一次发送信息是在半年之前公司五周年庆典时向会员发送的一份在线优惠券。因此，公司内部的营销资源非常有限，还需要借助于专业服务商来发送 E-mail 广告。公司在服务商的选择上花费了比较多的时间，因为首先要对服务商的邮件列表定位程度、报价、提供的服务等方面进行分析比较，在多家可提供 E-mail 营销服务的网站中，C 公司最终选择了一家都市生活类的网站，该网站有一份关于广州市白领生活的电子周刊，订户数量为 20 000 人，这份电子刊物将作为本次 E-mail营销的主要信息传递载体。

为了确保此次活动取得理想的效果，计划将从 2013 年 12 月 5 日开始连续四个星期投放 E-mail 营销信息，发送时间定为每个星期四，前两次以企业形象宣传为主，后两次针对目前最流行的礼品进行推广。接下来 C 公司市场人员的主要任务是设计 E-mail 广告的内容，针对内部列表和外部列表分别制作，并且每个星期的内容都有所不同，他们仍然有许多工作需要准备。

E-mail 营销活动结束后，网络营销人员在分析每个月的公司网站流量时吃惊地发现，在进行 E-mail 营销活动期间，公司网站每日的平均访问量比前一个月增加了 3 倍多，日均独立用户数量超过 1 000 人，而平时的网站独立用户数量通常不到 300 人，尤其在发送邮件后的次日和第三日，网站访问量的增加尤为明显，独立用户数量的最高纪录日达到 1 480人。在这次活动中，公司的营销人员也发现了两个问题：一是内部列表发送后退回的邮件比例相当高；二是企业网站上的宣传没有同步进行，来网站浏览用户的平均停留时间只有3分钟，比活动开始前用户的平均停留时间少了2分钟。

从C公司E-mail营销的案例中我们可以看到，公司开展E-mail营销经历了几个主要步骤：

（1）制订E-mail营销计划，分析目前所拥有的E-mail营销资源。如果公司本身拥有用户的E-mail地址资源，首先应利用内部资源。

（2）决定是否利用外部列表投放E-mail广告，并且要选择合适的外部列表服务商。

（3）针对内部和外部邮件列表分别设计邮件内容。

（4）根据计划向潜在用户发送电子邮件信息。

（5）对E-mail营销活动的效果进行分析总结。

这是进行E-mail营销一般要经历的过程，但并非每次活动都要经过这些步骤，并且不同的企业、在不同的阶段，E-mail营销的内容和方法也都有所区别。一般来说，内部列表E-mail营销是一项长期性工作，通常在企业网站的策划建设阶段就已经纳入了计划，内部列表的建立需要相当长时间的资源积累，而外部列表E-mail营销可以灵活地采用，因此这两种E-mail营销的过程有很大差别。

五、如何避免企业电子邮件成为垃圾邮件

要使企业电子邮件不被作为垃圾邮件处理，有两个办法：一是取得客户的许可；二是邮件中的信息必须是对用户有用的。具体的做法包括：

（1）在收集用户电子邮箱时，要明确告知用户此举的目的。

（2）随时允许用户通过邮件中的链接按钮来更新订阅信息和退出列表。企业的现有客户应该成为邮件营销的主要对象；为用户定制有价值的信息；确保“一对一”地个性化营销；及时响应客户的合理要求。

（3）跟进退回的邮件，及时删除无效的邮箱地址。

（4）避免在收件人栏和抄送栏上出现多个邮箱地址。

六、如何提高电子邮件的阅读率

提高电子邮件阅读率的办法如下：

（1）邮件主题应提供收件人感兴趣的信息，目前邮件主题设计中常见的问题是邮件没有主题。

（2）避免邮件主题过于简单或者过于复杂，邮件主题信息不明确、邮件主题信息不完整、邮件主题没有吸引力。

（3）正文应体现“个性化”广告信息并选择合适的形式。设计营销邮件时应注意以下问题：突出公司的LOGO；将最重要的信息设计在邮件预览框中，运用不同颜色来强调重点；使用统一字体，简洁明了、突出重点；使用图片作为补充，切勿在图片中嵌入正文；行文排版，巧用空行；选择最佳的邮件格式。

（4）发件人信息应清晰明确。

（5）准确地称呼收件人。

课堂活动

一、活动目的

设计一个 E-mail 营销，掌握具体操作，完成实训报告。

二、活动内容与步骤

1. 获取电子邮件地址（以班级同学的电子邮件地址为例）。
2. 制定发送方案。
3. 发送 E-mail，收集反馈信息，及时回复。
4. 主动提供 E-mail 服务。

任务三　应用搜索引擎

任务情境

珊珊同学通过努力，把这家网店已经经营得小有规模，拥有了稳定的客源，此时扩大新的顾客群体也成为珊珊目前最头痛的事情。学校开设了“网络营销”这门课程以后，珊珊想到了搜索引擎营销，她打算利用所学知识对搜索引擎营销进行全方面了解与试用。

案例导入

通过对各种搜索引擎的搜索，理解全文搜索引擎、目录索引引擎和多元搜索引擎的区别。

1. 全文搜索引擎

（1）Google：以搜索精度高、速度快成为最受欢迎的搜索引擎，是目前搜索界的领军者。

（2）Fast/AllTheWeb（http：//www. alltheweb. com/）：总部位于挪威的搜索引擎，为后起之秀，风头直逼 Google。

（3）AltaVista（http：//www. altavista. com/ ）：曾经的搜索引擎巨人，目前仍被认为是最好的搜索引擎之一。

（4）Baidu（百度）：国内最著名的搜索引擎。

2. 目录索引

（1）Yahoo（雅虎）：最著名的目录索引，搜索引擎的开山鼻祖之一。

（2）DMOZ（http：//www. dmoz. org/）：由义务编辑维护的目录索引。

（3）国内的搜狐、新浪、网易搜索。

3. 多元搜索引擎

（1）国际上著名的多元搜索引擎有：Dogpile（http：//www. dogpile. com）、Vivisimo（http：//www. vivisimo. com）。

（2）国内的多元搜索引擎目前尚处于起步阶段，目前只有少数网站开始涉足，尚没有非常优势品牌的多元搜索引擎出现。

相关知识

搜索引擎目前仍然是最主要的网站推广手段之一，尤其是基于自然搜索结果的搜索引擎推广，应用得更为广泛。到目前为止，搜索引擎营销四个目标层次仍然是免费的，因此受到众多中小网站的重视，搜索引擎营销方法也成为网络营销方法体系的主要组成部分。

一、搜索引擎营销的概念、模式及优势

1. 搜索引擎营销的概念

提到搜索引擎营销，不得不首先说一下搜索引擎，因为搜索引擎营销正是在搜索引擎发展之下成长起来的，可以说，没有搜索引擎这一平台，就不会有搜索引擎营销。搜索引擎通常指的是收集了互联网上几千万到几十亿个网页并对网页中的每一个文字（即关键词）进行索引，建立索引数据库的全文搜索引擎。当用户查找某个关键词的时候，所有在页面内容中包含了该关键词的网页都将作为搜索结果被搜出来。在经过复杂的算法进行排序后，这些结果将按照与搜索关键词的相关度高低依次排列。在互联网发展的初期是没有搜索引擎的，但是随着互联网上信息的繁杂多样，搜索引擎出现了，它不但解决了互联网发展中的瓶颈，帮助用户及时地检索到所需的信息，更在互联网领域创造了一个又一个的奇迹。例如全球最大的中文搜索引擎百度，致力于向人们提供“简单、可依赖”的信息获取方式，成立仅仅 10 年，就已经发展成为中国市场上第一大搜索引擎，其市场占有率甚至是 Google 的两倍。可以说，搜索引擎的发展造就了百度的成功。

搜索引擎营销（Search Engine Marketing，SEM），即根据用户使用搜索引擎的方式，利用用户检索信息的机会尽可能多地将营销信息传递给目标用户。它是一种网络营销的模式，目的在于推广网站，提高知名度，以最高的性价比、最小的投入，获得最大的来自搜索引擎的访问量，并产生商业价值。企业可以通过搜索引擎返回的结果，获得更好的销售或者推广渠道，对网站推广、网络品牌、产品推广、在线销售等具有明显的效果。相关网络调研数据表明，排名前 10 位的网站占据了 72%的点击率，排名第 10～20 位的网站拥有 17.9%的点击率，而排名 20 位以后的所有网站只有 10%的点击率。因此，企业排名尽量靠前，尽可能地成为搜索结果中的第一条，成为每一家企业的追求目标。

2. 搜索引擎营销的模式

搜索引擎营销的主要模式可以分为四种：搜索引擎优化、关键词广告、搜索引擎登录

和竞价排名。其中关键词广告、搜索引擎登录和竞价排名都属于付费搜索引擎。

（1）关键词广告。

关键词广告是指在搜索引擎中相关关键词的搜索结果页面显示广告内容，实现高级定位投放，用户可以根据需要更换关键词，相当于在不同页面轮换投放广告。在相同关键词页面，付费高者排名靠前。一般来说，关键词广告与自然搜索结果是分开显示的。

（2）搜索引擎登录。

搜索引擎登录是早期搜索引擎营销的重要内容。它是为了能够进入搜索引擎的索引库，保证站点的网页被搜索引擎搜索到而将站点或者 URL 提交给搜索引擎的一种模式。搜索引擎登录并不能保证网页在某个关键词的搜索结果中获得很好的排名，但是能使站点获得良好的可视性，能更全面地展示站点内容。搜索引擎登录分为免费和付费两种，但是现在提供免费登录服务的网站比较少，从 2001 年下半年开始，国内的主要搜索引擎服务提供商陆续开始了收费登录服务。收费服务自然会影响部分网站登录的积极性，不过也为网站提高了更多专业的服务，从功能上为网络营销提供了更为广阔的发展空间，从而提高了营销的效果。

（3）竞价排名。

竞价排名是搜索引擎营销中比重最大也是目前最常用的方式。竞价排名是指按照付费最高者排名靠前的原则，对购买了同一关键词的网站进行排名的一种方式，然后按点击付费。由于采取关键词点击付费，用户相对来讲比较有针对性，且周期较短，收费相对低廉（按点击收费），因而企业自主性较强，可以既快速又经济地评估广告宣传的效果，并可以快速更新、终止等。

以上三种模式都是付费搜索引擎，当然，很多消费者更愿意相信那些通过自然搜索而排名靠前的网站。

3. 搜索引擎营销的优势

搜索引擎营销作为一种全新的营销方式，在短短的时间内得到迅猛发展，充分发挥了其自身的优势。这主要表现在：

（1）性价比高。

有资料显示，搜索引擎平均销售机会成本为＄0.45，电子邮件为＄0.55，企业黄页为＄1.18，广告条为＄2.00，直邮为＄9.94。从以上数据我们可以看到，搜索引擎是使用有限营销费用的最高效的方式。

（2）效果明显。

根据网站点击率和网站流量两个指标可以评价搜索引擎营销的效果。信息技术的发展可以帮助企业在设计网页时放置一些程序，这些程序会分析链接从哪里来，知道是哪个关键词，从哪个页面点击过来的，通过这些，企业可以很容易地看到广告投放的效果。

（3）方便快捷。

搜索引擎营销以互联网络为基础，大多数企业网站都是 24 小时开放，这就使得潜在的客户可以在上网的同时，通过搜索引擎随时登录企业的网站查询自己所需要的信息，从而大大方便了企业的客户，有利于企业与客户的直接接触。

二、搜索引擎优化途径

可以通过以下几个方面对搜索引擎进行优化：

1. 网站主题明确，内容丰富

尽管可以通过许多所谓的技巧来提升网页在各大搜索引擎上的排名，但其实对排名最有影响的还是网站的实际内容。网站有明确的主题，有关于某主题的丰富内容，并专注于某领域的变化，有较多的与主题相关的页面，时常更新，这些才是影响网站排名的本质因素。

2. 关键词密度要适度

由于搜索引擎对关键词密度采取了压制措施，再加上过密的关键词会使消费者产生厌烦心理，因此关键词密度一定要把握好。坚决杜绝大量堆砌关键词的行为。一般来说，一个网页的特定的关键词密度有大约7%的词和搜索请求匹配即可。

3. 关键词一定要突出

如果搜索请求的词语出现在网页的重要位置，那么该网页的排名就会比那些词排在底部的网页靠前。

在标题（Page Title）、段落标题（Heading）这两个网页中，最重要、最显眼的位置尽量要体现关键词。另外，在正文文本和网页描述上，也要在合适的位置突出关键词。

4. 创建高质量的引出链接

据研究，如果一个网站的引出链接达到4～6个的话，说明这个网站已经获得了不错的访问量；如果到了7个以上，说明从网站的质量到知名度都非常优秀了。一个网页被其他网页链接得越多，它就越有可能是有着最新和最有价值信息的高质量网页。

5. 不要用图片来显示文字

虽然说图片与文字相比要更加清晰生动，但是搜索引擎无法读出任何图片——甚至是图片格式的文本。因此，要尽可能地避免使用图片显示文字。

6. 网站导航要清晰化

搜索引擎使用的是一种非常特别的程序——Spider程序。Spider程序能够挖出每一个网页的HTML，当不再有链接指向其他页面时，它就返回，以后再去搜索这些页面的HTML。可以想象，Spider程序要访问完所有的页面得花很长的时间。因此，网站导航要易于Spider程序进行索引收录并制作清楚有效的网站地图。

7. 页面容量要合理化

注意不要让网页页面容量过大，合理的页面容量会提升网页的显示速度，增加对搜索引擎Spider程序的友好度。

8. 充分利用SEO软件

除了上述七种方法外，现在已经有越来越多的网站站长选择通过专业的SEO软件来对自己的网站进行最大化的外链发布，这类专业软件中著名的有“虫虫SEO”，这种专业的对前述各种优化方式的整合管理与运用，大大提高了站长对于烦琐的SEO工作的效率，同时提高了网站内容的更新率。

课堂活动

一、活动目的

撰写广州泉涌科技有限公司的搜索引擎推广方案。

二、活动内容与步骤

搜索引擎营销的步骤：

第一步：了解产品/服务针对哪些用户群体，例如：25～35 岁的男性群体；规模在 50～100 人的贸易行业的企业。

第二步：了解目标群体的搜索习惯，例如：目标群体搜索目标产品时习惯使用的关键词。

第三步：目标群体经常所访问的网站的类型。

第四步：分析目标用户最关注产品的哪些特性，即影响用户购买的主要因素，例如品牌、价格、性能、可扩展性、服务优势，等等。

第五步：竞价广告账户及广告组规划，如创建谷歌及百度的广告系列及广告组。需要考虑管理的便捷，以及广告文案与广告组下关键词的相关性。

第六步：相关关键词的选择。我们可以借助谷歌关键词分析工具及百度竞价后台的关键词分析工具，这些工具都是以用户搜索数据为基础的，具有很高的参考价值。

第七步：撰写有吸引力的广告文案。

第八步：内容网络广告的投放。

第九步：目标广告页面的设计。

第十步：基于 KPI 广告效果转换评估。

Web 2.0 营销

任务情境

近期珊珊迷上了玩博客，还关注了几个博客达人。她发现，博客相对于微博来说，可以在里面写更多的内容，放更多的图片。博客的关注人群相对微博来说，经济能力、消费能力更强一些，她打算在博客营销方面上也下点工夫。

案例导入

新浪博客流量统计内容

(1) 注册新浪博客，注册成功后，登录新浪博客进行管理，添加日志等内容，具体见

图 5—13。

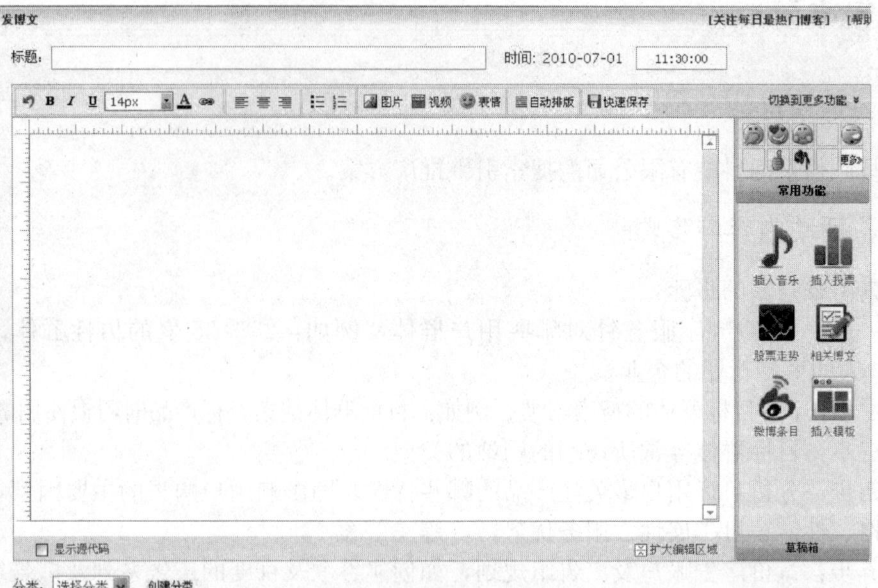

图 5—13

(2) 进入管理中心，查看流量统计及来源统计（见图 5—14）。

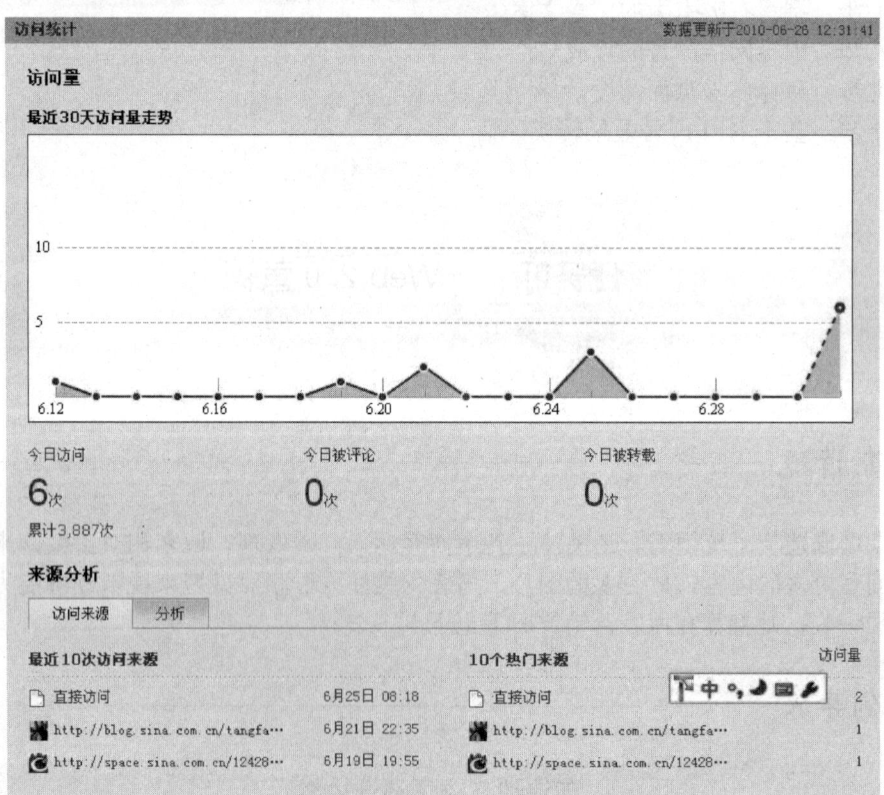

图 5—14

(3) 进行分析统计，具体见图5—15。

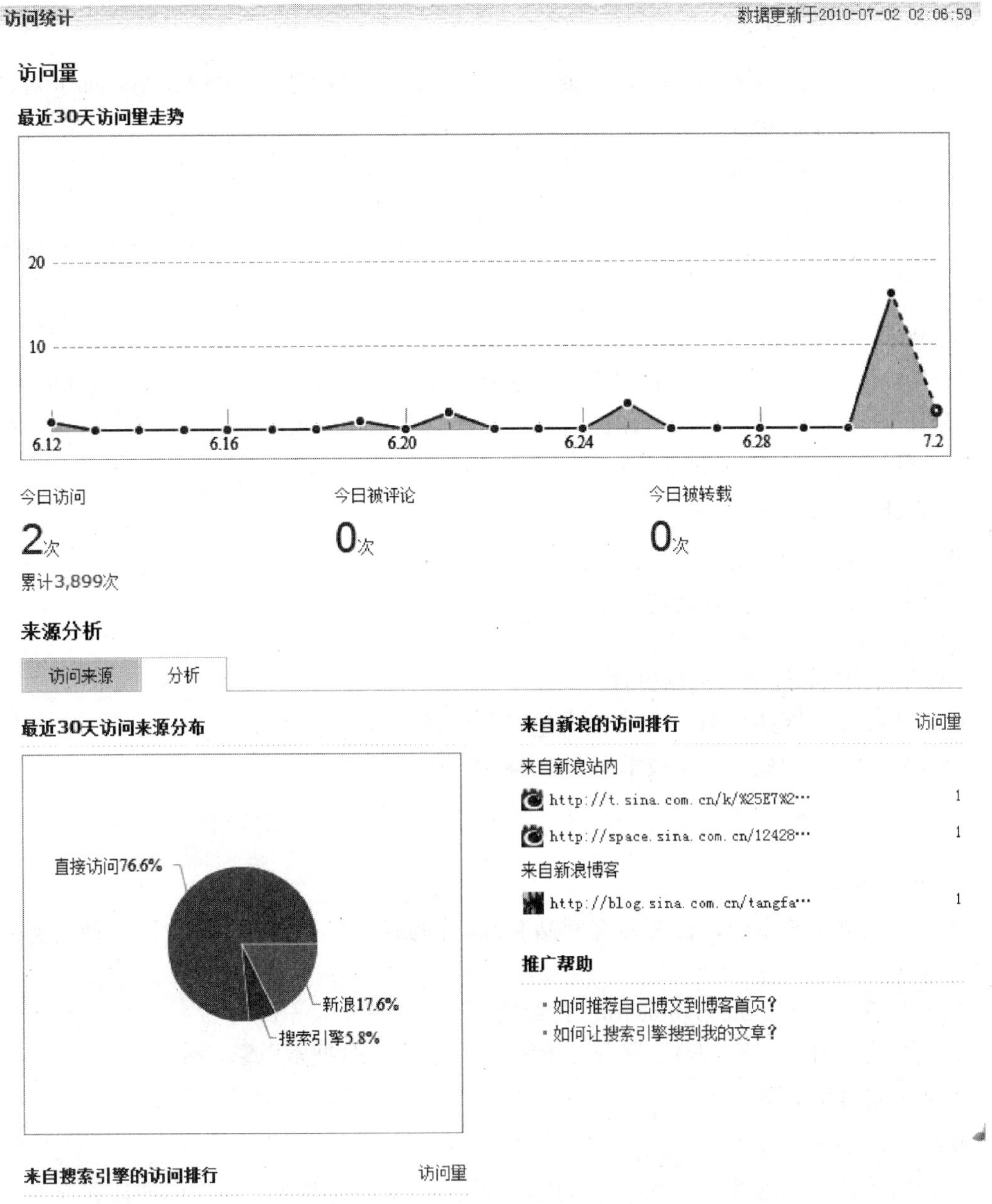

图5—15

相关知识

Web 2.0营销是指对BLog营销、RSS营销等Web 2.0应用、技术、理论的一个综合的表现。它的核心是注重用户的交互作用，让用户既是网站的浏览者，也是网站内容的建设者。

一、Web 2.0 的基本思想

1. Web 2.0 的概念

目前对于 Web 2.0 概念的说明，通常采用 Web 2.0 典型应用案例介绍，加上对部分 Web 2.0 相关技术的解释。

Blogger Don 在他的《Web 2.0 概念诠释》一文中提到："Web 2.0 是以 Flickr、Craigslist、Linkedin、Tribes、Ryze、Friendster 等网站为代表，以 Blog、TAG、SNS、RSS、WIKI 等社会软件的应用为核心，依据六度分隔、XML、AJAX 等新理论和技术实现的互联网新一代模式。"

2. Web 2.0 技术简介

Web 2.0 技术主要包括：RSS（基于 XML 的网站内容共享技术）、BLog（博客/网志）、WIKI（百科全书，多人协作的写作工具）、网摘（网页书签）、SNS（社会网络）、P2P（对等联网）、IM（即时通信）。

3. Web 2.0 的主要特点

Web 2.0 具有如下特点：

（1）用户参与网站内容制造。

（2）Web 2.0 更加注重交互性。

（3）符合 Web 标准的网站设计。

（4）Web 2.0 网站与 Web 1.0 没有绝对的界限。

（5）Web 2.0 的核心不是技术而在于指导思想。

二、RSS 简介

1. 关于 RSS

RSS 与博客联系密切，很多博客网站和新闻网站提供 RSS 服务，它是一种新型的信息传递技术。

RSS 是 Really Simple Syndication 的缩写。

RSS 概念：种子（Feeds）、聚合 、RSS 阅读器、RSS 搜索引擎，等等。

2. RSS 营销的特点

RSS 营销的特点如下：

（1）RSS 营销比邮件列表营销具有更多的优势，是对邮件列表营销的替代和补充。

（2）RSS 在网络营销中的应用主要表现为其信息传递作用。

（3）RSS 的深层次应用在很多方面与电子邮件非常相似。

（4）RSS 与邮件列表两者在用户订阅、信息传递和阅读信息方式等方面有更多的优越性。

（5）RSS 营销成功的基础是向用户传递有价值的信息，成功的 RSS 营销依赖于高质量的网站内容。

3. RSS 与邮件列表信息传递方式比较

从用户订阅信息方式来看，RSS 的订阅过程非常简单，不需要许可确认手续；RSS 订阅的主要步骤是：选择有价值的 RSS 信息源；启动 RSS 订阅程序，将信息源添加到自己的 RSS 阅读器或者在线 RSS；接收并获取定制的 RSS 信息。

通过邮件列表获取信息的特点是：适合邮件阅读习惯的内容设计；离线状态下阅读；收件人个性化营销设计；收件人可以回复邮件；邮件内容可以在用户电子邮箱中长期保存；邮件内容便于转发；可自由采用 Web 方式和客户端方式接收和阅读内容；电子邮件是最普及的互联网应用；可以跟踪邮件发送数量、用户阅读率和回应率等指标；邮件列表最大的问题在于邮件送达率低。

4. RSS 订阅方式获取信息的优点

（1）无须担心信息内容过大。

（2）不用担心垃圾邮件和病毒邮件的影响。

（3）RSS 传递信息更快。

（4）RSS 接收信息送达率高，几乎没有什么信息传递和接收的障碍。

（5）RSS 接收信息准确度较高。

5. RSS 在用户获取信息方面的缺点

（1）目前 RSS 的应用远不如电子邮件普及，限制了 RSS 订阅的应用范围。

（2）长期不接收 RSS 信息时，过期的信息无法被保留，也就是说存在信息丢失的问题。

（3）网站难以准确了解 RSS 用户的订阅情况。

（4）通过 RSS 获取信息难以实现个性化服务。

（5）不同用户之间共享 RSS 信息不方便。

6. 开展 RSS 营销的三种基本形式

（1）内部 RSS 营销。

（2）在其他网站的 RSS 信息源中进行推广。

（3）通过 RSS 阅读器服务商投放广告。

7. 开展 RSS 营销的三个基本条件

（1）要提供 RSS 信息源。

（2）要为用户持续提供有价值的信息，并且通过 RSS 及时向用户传递。

（3）让尽可能多的用户通过 RSS 获取信息。

三、博客营销方法及应用

1. 博客营销的定义

博客营销是一种基于个人知识资源（包括思想、体验等表现形式）的网络信息传递形式。

博客营销是企业或者个人利用博客这一网络交互性平台，发布和更新企业或个人的相关概况及信息，密切关注、及时回复平台上客户对于企业或个人的相关疑问以及咨询，并通过博客平台帮助企业零成本获得搜索引擎的较前排位，以达到宣传目的的营销手段。

开展博客营销的基础问题是对某个领域知识的掌握、学习和有效利用，并通过对知识的传播达到营销信息传递的目的。开展博客营销的前提是拥有对用户有价值的、用户感兴趣的知识，而不仅仅是广告宣传。

2. 博客营销的价值

(1) 直接带来潜在用户。

(2) 降低网站推广费用。

(3) 提高搜索引擎可见度及排名。

(4) 增加企业网站的链接数量。

(5) 方便对用户调查研究。

(6) 提升网站品牌效应。

3. 中小企业的博客营销问题

(1) 尽管中小企业存在经营资源的制约，但小企业同样可以找到自己的博客营销切入点，将自己的思想和知识在一定范围内传播并产生影响。

(2) 真正的营销应该在博客之外，博客只是营销的载体和媒介，博客本身并不等于博客营销。

(3) 小型企业的博客营销方式通常依赖于第三方的博客平台，由企业高层管理人员和专业人士通过自己的专业知识、经验、思想等向潜在用户传递相关信息，并最终形成用户的认知。

4. 博客营销的主要模式

(1) 企业网站博客频道模式。

(2) 利用第三方博客平台模式。

(3) 个人独立博客网站模式。

5. 企业博客文章写作方法

(1) 企业博客文章写作的一般原则。

- 正确处理个人观点与企业立场之间的关系。
- 博客文章应注意保密。
- 博客文章必要的声明。

(2) 企业博客文章写作方法之一：博客选题。

- 与业内人士进行切磋与交流。
- 关注外部信息资源，尤其是国内外最新研究动向。
- 某一领域个人观点/思想的连续反映。
- 用灵活多样的方式展示企业的新闻和公关文章。
- 本公司的产品知识、用户关心的问题等。
- 公司文化传播。
- 发表行业观察评论。

(3) 企业博客写作方法之二：文章的表现形式。

- 博客文章不同于企业的新闻和公关稿，不要把个人博客文章局限于企业营销活动的需要。
- 重要的是要考虑文章内容是否对读者有价值。
- 博客文章的表现方法可以不拘形式，也无须长篇大论。
- 不必担心自己的观点不成熟、结论不严谨，即使是不成熟的想法也可以发表。

● 博客写作促使人不断地思考并逐渐完善自己的观点，但绝不是要等到深思熟虑、无懈可击的时候才能公开发表。

● 博客文章只要“把问题说清楚”即可。

（4）企业博客写作的其他问题。

● 合理的超级链接是博客文章与博客营销的桥梁。适当链接相关内容的来源，合理引用（链接）本公司的有关信息，这样才能更好地发挥博客的网络营销价值。

● 分享与交流：通过博客文章评论与读者进行交流也成为博客的一个组成部分。

● 博客文章与营销目的相结合：博客写作是企业博客营销的基本元素，博客营销是博客文章集合的总体效果的体现。

● 博客文章内容的搜索引擎优化。

● 企业员工博客专栏的管理维护。

四、微博营销方法及应用

1. 微博营销的作用

（1）发布产品和服务信息。

（2）客户服务的平台。

（3）网络广告的新阵地。

（4）网络营销的新选择。

2. 精准营销是微博营销成功的关键

（1）寻找微博上的精准用户。

运用微博营销时，可以通过标签找用户、通过话题找用户、通过微群找用户。

（2）让精准目标用户成为粉丝。

微博要有吸引用户的优质内容，要主动关注你的用户，多转发和评论用户的信息，在目标用户集中的微群积极互动。

3. 在微博互动中实现企业的营销目的

（1）取得粉丝的信任。

（2）发广告需要有一定的技巧。

（3）通过活动来做营销。

课堂活动

一、活动目的

试分析“英特尔迅驰 2 寻宝行动”案例。

二、活动内容与步骤

1. 分析营销背景。

2. 分析营销思路。

3. 查找主要内容。

4. 营销效果小结。

任务五 Web 3.0 营销

任务情境

珊珊同学在微信、微博、博客、QQ 空间等各种营销渠道的作用下，将网店宣传得红红火火，也深深体会到 Web3.0 对生活带来的巨大影响。

案例导入

为什么说雅蛙是中国目前 Web3.0 最杰出的代表呢？

雅蛙是中国第一家基于 Web3.0 理念的个性化聚合平台，首创搜索定制聚合模块化，致力于让每一个用户可以自由聚合海量信息，让用户轻松自由地创建自己的社会化网络体系！雅蛙独创了 WidgetRank 聚合技术，并应用在雅蛙的服务上，雅蛙通过不断地创新，形成了“RSS 聚合+搜索定制聚合+个性化平台”的模式，提高了用户对信息获取的便捷性。雅蛙创新的 WidgetRank 聚合技术和算法，能够自动有效地分析、抓取和聚合任何博客、论坛、网站等 RSS 地址，并按照网民自由选择的阅读方式呈现，因此雅蛙迅速成为网民阅读新闻、博客的重要个性化平台。

雅蛙运用 Web3.0 技术将带给你全新的世界与体验：(1) 搜索定制，即关键字聚合。你可以输入感兴趣信息的关键字，雅蛙就能在海量信息中立刻找到你想要的信息，同时你可以聚合、定制这样的信息到雅蛙平台上，你每次打开雅蛙后，不需要再输入搜索就能看到需要的最新信息。(2) 个性平台基于 Web3.0 的理念，全新模块化界面可以让你自由新建模块和页面，随意拖曳、编辑模块内容和风格，如果你注册后，雅蛙将自动保存你的个性平台并生成一个唯一的二级域名，你可以自由展示你的个性和风格，带给你良好的用户体验和惊喜，可以说，雅蛙是中国目前 Web3.0 最杰出的代表。

相关知识

Web2.0 虽然只是互联网发展阶段的过渡产物，但正是由于 Web 2.0 的产生，让人们可以更多地参与到互联网的创造劳动中，特别是在内容上的创造。在这一点上，Web2.0 是具有革命性意义的。人们在这个创造劳动中将获得更多的荣誉、认同，也包括财富和地位。正是因为更多的人参与到了有价值的创造劳动，那么“要求互联网价值的重新分配”将是一种必然趋势，因而必然催生新一代的互联网，这就是 Web3.0。

一、什么是 Web 3.0

Web 3.0 与 Web 1.0、Web 2.0 一样，也是一种指导思想。Web 3.0 没有固定的解释，通常行业内都这样认为：网站内的信息可以直接和其他网站相关信息进行交互，能通过第三方信息平台同时对多家网站的信息进行整合使用；完全基于 Web，用浏览器即可以实现复杂系统程序才能实现的系统功能。

二、Web 3.0 将会给我们的生活带来哪些改变

互联网技术日新月异，互联网不断深入人们的生活，Web 3.0 将彻底改变人们生活的互联网形式。Web 3.0 使所有网上公民不再受到现有资源积累的限制，因而可以更加平等地获得财富和声誉。实际上，Web 3.0 已经开始在我们生活中产生重大影响了，那就是我们的电子商务领域和在线游戏领域。在中国，我们耳熟能详的电子商务企业有：淘宝、阿里巴巴、支付宝、快钱、凡客、京东、当当等，国际上著名的电子商务企业有：亚马逊、PayPal 等，它们的出现都对我们的生活产生了巨大影响，以淘宝网为例，从淘宝网兴起的光棍节促销活动现在也成为网络购物的狂欢节，创造了惊人的交易量。

三、Web 3.0 对网络营销的影响

作为 Web 2.0 的代替产品或者说是理念，Web 3.0 仍然是建立在 Web 2.0 的基础上，并且实现了更加“智能化的人与人和人与机器的交流”功能的互联网模式。

Web 3.0 可以使微内容自由整合。微博，这个 2011 年开始兴起的交流方式不仅仅改变着人们的交流，还改变着人们的通信方式，而且发展之迅速，参与人数之众多，简直令人不能想象。微博让无数的普通草根变成网络红人。

Web 3.0 可实现信息服务的普适性。Web 3.0 的网络模式将实现不同终端的兼容，从 PC 到 WAP 手机、PDA、机顶盒再到现在流行的苹果、安卓智能手机。终端的丰富和兼容将提高用户的黏性，有利于应用程序的开发，降低用户和软件开发者的参与成本。

1. 它将如何对网络营销产生影响

Web2.0 对所有的网络营销研究者来说并不陌生，但是随着 Web 2.0 的不断应用，Web 3.0 已经悄然兴起，现在虽然人们对 Web 3.0 还没有具体的定义，但是人们总结了 Web 3.0 的主要特征：

（1）Web 3.0 时代的网络访问速度会非常快。

（2）Web 3.0 时代的网站会更加开放，对外提供自己的 API 将会是网站的标准配置。

（3）Web 3.0 时代的信息关联通过语义来实现，信息的可搜索性将会提高到一个新的高度。

从现有的资料我们可以看出，Web 3.0 的模型应该是基于搜索＋开放式 TAG（关键词标签）＋智能匹配的新门户。其中开放式 TAG 目前还没有，但它会是预测中的下一代技术，现有的 TAG 只能实现网站内的关键词链接。基于用户行为研究基础上的网络推广将随着 Web 3.0 的互动特征而迎来新的 Web 3.0 网络营销模式，诸如：精准营销、嵌入式营销、Widget 营销、数据库营销等。

2. Web 3.0 产生的影响及对企业的建议

Web 3.0 对企业的营销来说既是机遇又是危机，Web 3.0 更加强调和用户的互动，Web 3.0 最重要的不是提供信息，而是提供基于不同需求的过滤器，每一种过滤器都是基于一个市场需求。对企业来说，谁更好地满足了用户的需求，谁就会在 Web 3.0 时代站稳脚跟。在 Web 3.0 时代利用 SEO 进行营销活动的企业要注意以下几个方面：

(1) 网站上面应该或者说是必须留有评论板块，如果能与用户沟通而且产生内容，对搜索引擎而言是具有很高价值的。

(2) 需要在网站上添加“顶”或“踩”的按钮，这样不仅会帮助用户减少判断成本，而且因为搜索引擎看不懂视屏内容的好坏，而用户对视频留下的“顶”或“踩”的按钮信息有利于搜索引擎对视频内容的判断和收录。

(3) 大家都知道国外的 Facebook 和国内的微博的火热程度，从而可以看出搜索引擎对分享的重视。设置分享工具可以使用户把好的东西分享给他的朋友、亲人等，也符合搜索引擎对用户体验的要求，同时也推广了网站的信息。

3. Web 3.0 产生的影响及对个人的建议

Web 3.0 更加强调用户的体验、网站与用户的交流及内容原创，大部分网站允许用户自己上传内容，而且内容和其他一些网站共享或者同步，因此，在 Web 3.0 时代，用户在互联网发布内容时应该更加理智，更加符合大众的道德体系和共同的价值观，避免发布一些低俗的内容、涉及自己或者他人隐私的内容。

互联网企业未来发展是朝着 Web 3.0 的方向来进行网站建设、网站维护和网站更新。我们需要根据 Web 3.0 的发展特点（微内容的自由整合与有效聚合；适合多种终端平台，实现信息服务的普适性；有效和有序的数字新技术）进行网站的建设，同时在内容框架上应注意以下几点：

(1) 网站内的信息可以直接和其他网站信息进行交互，能通过第三方信息平台同时对多家网站信息进行整合使用。

(2) 用户在互联网上拥有自己的数据，并能在不同的网站上使用。

(3) 完全基于 Web ，用浏览器即可实现复杂的系统程序才具有的功能。

在建立了这样的符合 Web 3.0 要求的网站后与用户进行沟通、互动，让用户主动参与到网站的建设和内容的更新等相关的领域来，同时用户会在体验中主动宣传网站，从而达到降低或者是减少企业营销费用的目的，用户也可以从参与和劳动中得到相应的报酬、尊重、社会威望等物质或者精神方面的满足。

课堂活动

一、活动目的

创建自己的博客，对博客有一个基本的了解和认识。

二、活动内容与步骤

1. 登录新浪博客频道。

2. 浏览新浪博客频道点击率排名前 30 位的名人博客并进行分析。

思考与综合实训

【思考题】

1. 网络广告的营销管理过程是什么?
2. 简述搜索引擎营销的信息传递过程和目标层次。
3. E-mail 营销实训报告的要点是什么?
4. 思考博客的营销价值，讲讲你对博客的定义和看法。
5. Web 3.0 将会给我们的生活带来哪些改变?

【综合实训】

1. 针对某种商品（商品自选）确定广告目标。要求：根据产品特点确定广告目标、目标顾客及应达到的销售目标。

2. 利用所学知识对耐克公司的营销案例进行分析。

3. 在百度、搜狐等专业搜索引擎上注册。

设计网络营销基本策略

学习目标

1. 了解网络营销商品的特性及分类。
2. 掌握网络营销的产品定价方法和定价策略。
3. 利用网络营销产品策略制定促销方案。
4. 运用网络营销渠道抓住消费者心理，建设网络营销渠道。
5. 掌握网络营销促销和网上公共关系促销的方法。

学习内容

1. 网络营销商品的特性及分类。
2. 网络营销的产品定价方法和定价策略。
3. 利用网络营销产品策略制定促销方案。
4. 抓住消费者心理，建设网络营销渠道。
5. 传统营销促销形式和网络营销促销形式的比较。
6. 网络营销促销和网上公共关系促销的方法。

教学方法和建议

1. 从案例分析入手，引导学生理解网络营销组合策略的方法及相应的基本策略，结合市场营销理论、互联网技术，通过综合性案例、理论阐述、操作训练三个基本环节，使学生掌握制定网络营销组合策略产品、价格、渠道、促销的理论知识和基本技能。

2. 教师可以根据课时安排提前布置课前准备任务，学生分组进行准备，教师指导学生利用实体商店与网络商城进行商品、价格、渠道、促销的对比调查。学生小组根据自己调查回来的数据、资料，派代表在课堂现场展示，教师引导、归纳后形成共识。

建议课时

任务一：选择合适的网络营销产品　　2课时
任务二：制定网络营销产品价格策略　　2课时
任务三：设计网络营销渠道策略　　2课时
任务四：制定网络营销促销策略　　2课时

开网店要卖什么产品？什么产品适合在网上卖？产品价格如何确定？采用什么促销手段？能不能建设更加方便消费者的销售渠道？这些都是很多网上创业者最初会问到的问题，而了解网络营销商品的特性及分类，掌握网络营销产品的整体概念和网络营销的产品策略是每一个网络创业者的必修课。本项目从网络营销商品的特性、分类、网络营销产品整体概念来一步一步了解网络产品，从而制定可行的网络营销产品策略。

任务一　选择合适的网络营销产品

任务情境

珊珊同学和她的小伙伴们是电子商务专业的学生，她们组成团队，想开始尝试自己创业。团队在前面学习了网络市场调研后，根据团队的实际情况做了全面的网络市场调研，在筹划开设网店的过程中她们遇到了第一个难题：网店要经营什么产品？这是关系到网店成功与否的关键问题。

案例导入

新产品开发——宝洁公司和一次性尿布

宝洁公司以其寻求和明确表达顾客潜在需求的优良传统，被誉为在面向市场方面做得最好的美国公司之一，其婴儿尿布的开发就是一个例子。1956年，该公司开发部主任维克·米尔斯在照看其出生不久的孙子时，深切感受到一篮篮脏尿布给家庭主妇所带来的烦恼，洗尿布的责任给了其灵感。于是，米尔斯就让手下几个最有才华的人研究开发一次性尿布。

一次性尿布的想法并不新鲜。事实上，当时美国市场上已经有好几种牌子的一次性尿布了。但市场调研显示：多年来，这些一次性尿布只占美国市场的1%。原因首先是价格太高；其次是父母们认为这种尿布不好用，只适合在旅行或不便于正常换尿布时使用。调研结果还表明，一次性尿布的市场潜力巨大。美国和世界许多国家正处于第二次世界大战后的婴儿出生高峰期，将婴儿数量乘以每日平均需换尿布次数，可以得出一个大得惊人的潜在销量。

宝洁公司产品开发人员用了一年的时间，力图研制出一种既好用又对父母有吸引力的产品。产品的最初样品是在塑料裤衩里装上一块打了褶的吸水垫子。但1958年夏天现场试验的结果是，除了父母们的否定意见和婴儿身上的痱子以外，一无所获。于是产品又回到了图纸阶段。

1959年3月，宝洁公司重新设计了它的一次性尿布，并在实验室生产了37 000个，样子类似于现在的产品。宝洁公司把这些样品拿到纽约州去做现场试验。这一次，有2/3的试用者认为该产品胜过布尿布。行了！然而，接踵而来的问题是如何降低成本和提高新产品质量。为此要进行的工序革新比产品本身的开发难度更大。一位工程师说它是“公司遇到的最复杂的工作”，生产方法和设备必须从头做起。不过，到了1961年12月，这个项目进入了能通过验收的生产工序和产品试销阶段。

公司选择地处美国中部的城市皮奥里亚试销这个后来被定名为“娇娃”的产品。试销发现，皮奥里亚的妈妈们喜欢用“娇娃”，但不喜欢10美分一片尿布的价格。因此，价格必须降下来。降多少呢？在6个地方进行的试销进一步表明，定价为6美分一片，就能使这类新产品畅销，使其销售量达到零售商的要求。宝洁公司的几位制造工程师最终找到了解决办法，用来进一步降低成本，并把生产能力提高到使公司能以该价格在全国销售娇娃尿布的水平。

娇娃尿布终于成功推出，直至今天，它仍然是宝洁公司的拳头产品之一。它表明，企业对市场真正需求的把握需要通过直接的市场调研来论证。通过潜在用户的反映来指导和改进新产品开发工作。企业各职能部门必须通力合作，不断进行产品试用和调整定价。最后，公司做成了一桩全赢的生意：一件解决了每个做父母的最头疼问题的产品，一个为宝洁公司带来收入和利润的重要新财源。

（资料来源：吴健安：《市场营销学》（第四版），北京，高等教育出版社，2011。）

相关知识

一、网络营销产品的概念、分类及性质

1. 网络营销产品的概念

（1）传统营销产品整体概念。

产品就是用于满足人们的某种需要和欲求的事物，产品涵盖的范畴广泛，从有形到无形，从实体到精神，无所不包。狭义的产品即看得见、摸得着的实物；广义的产品是指人们通过购买而获得的能够满足某种需求和欲望的物品的总和，它既包括具有物质形态的产品实体，又包括非物质形态的利益。这就是“产品的整体概念”。传统营销学的产品整体观念认为，产品的含义有三层：核心产品、有形产品、延伸产品。

（2）网络营销产品整体概念。

现代市场营销理论认为，产品整体概念包含五层：核心产品、有形产品、延伸产品、期望产品与潜在产品，具体如图6—1所示。

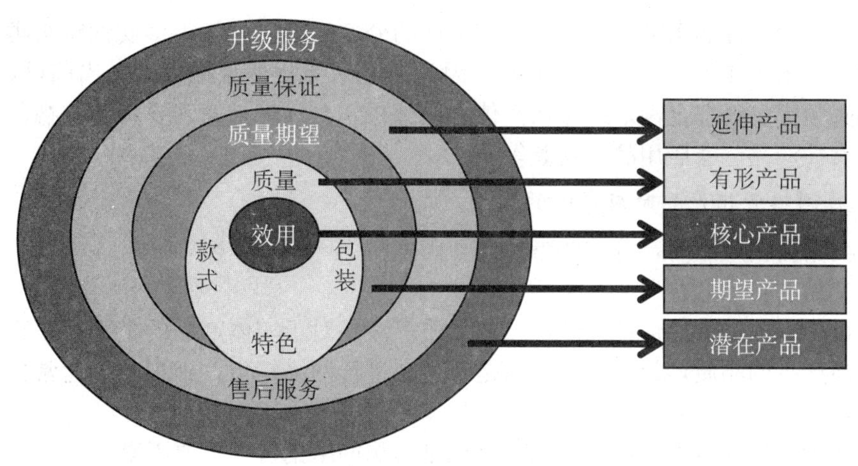

图 6—1　网络营销产品的整体概念

2. 网络营销产品的分类与性质

（1）网络营销产品分类。

并不是所有的商品都适合在网上销售。适合网上营销的商品，按其商品形态不同，可分为两大类，即有形产品和无形产品。

有形产品是指有实物形态和物质载体的产品，包括各类农副产品、工业生产资料和消费品等。

无形产品是指与有形的物质产品相对应且客观存在的劳务或服务产品，它以没有独立的物质形式广泛地存在于人们的生活周围。

（2）网络营销产品的性质。

在互联网上进行市场营销的产品可以是任何产品或者任何服务项目。但是，就像不同的产品适合采用不同的销售渠道一样，网络营销也有其适用范围。产品能否利用网络营销，一般取决于产品的性质、科技含量以及产品的目标市场与交易方式等的因素。一般来说，目前适合于网络营销的产品主要有以下七种：

一是电脑软硬件产品。电脑软硬件产品在网上的销售一直很活跃。其原因主要有两点：首先，网络用户大多数对这类产品信息最为热衷，而且产品的升级、更新换代使得这一市场有着永不衰退的增长点；其次，电脑软件通过网络传输是非常便利的。可以采用试用或免费赠送等引起消费者的兴趣，消费者在使用过软件网上试用版后，就可决定是否购买整个软件了。

二是知识含量高的产品。一般来说，知识含量高的产品在网上销售易于获得成功。

三是创新独特的新产品。利用网络沟通的广泛性、便利性，使创意独特的新产品可以更主动地向更多的人展示，充分满足那些需求特殊的顾客。很多地方每年都会举办创意产业博览会，如杭州，其产品追求更多的不是实用性，而是创意。

四是有收藏价值的产品。

五是服务等无形产品。这类产品包括：宾馆预订、鲜花预订、演出票的订购、旅游线路的挑选、储蓄业务、电子机票预定和各类咨询服务，等等。借助于网络，这类服务显得更加方便快捷，也更加人性化。

六是一般性的日用消费品。

七是能引起女性购买欲的产品。其实上面的分类已经包含了很多女性购买类产品。之所以要单独提出来作为一个大类，主要是因为淘宝网等相关数据表明，当前网购人群中，无论从购买频率、消费金额，还是从其他方面分析，女性都是商家要特别重视的一个购买群体。如女性产品、家居用品、女装等。

3. 选择网络营销产品时应考虑的因素

选择网络营销产品时，着重要考虑以下因素：

（1）产品的目标顾客群体。

（2）可否根据提供的信息判断产品的品质等级。对于实体产品的类别和是否能够通过网络来判断产品的品质，影响着该产品是否适合进行网络销售；虚拟产品通常比较适合通过网络来销售。

（3）物流配送的能力、便利性和范围也是影响网络销售的重要因素。

二、网络营销产品的生命周期

1. 网络营销产品策略概述

产品策略是指针对如何满足顾客需要而做出的与产品有关的计划与决策。

在传统营销环境下，传统产品的生命周期分为五个阶段，即投入期、成长期、成熟期、饱和期和衰退期，具体如图 6—2 所示。

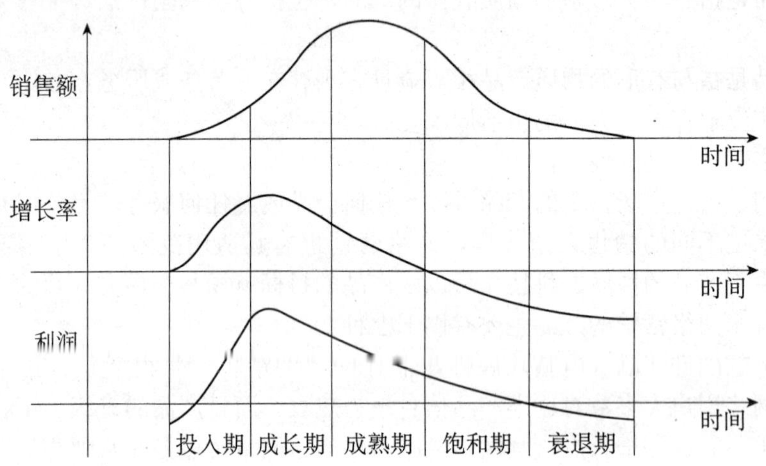

图 6—2　传统营销环境下的产品生命周期

在网络营销环境下，产品生命周期的概念会逐步淡化。网络营销环境下，系列产品的生命周期如图 6—3 所示。

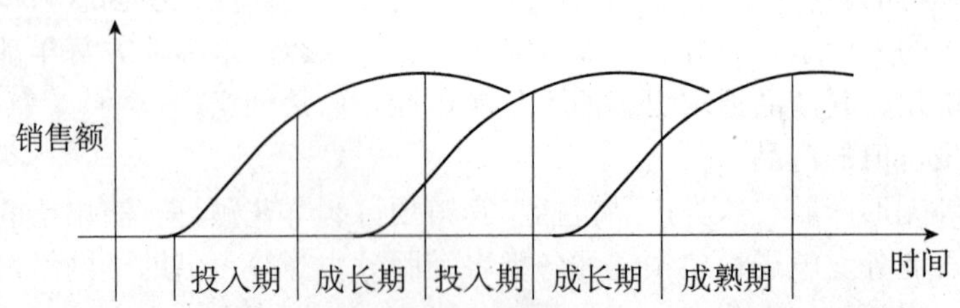

图 6—3　网络营销环境下的产品生命周期

2. 通过网络营销产品策略，逐渐树立起自己的网店品牌

(1) 网络营销产品策略类型。

网络营销产品策略可分为产品开发策略和产品组合策略，具体情况见图 6—4。

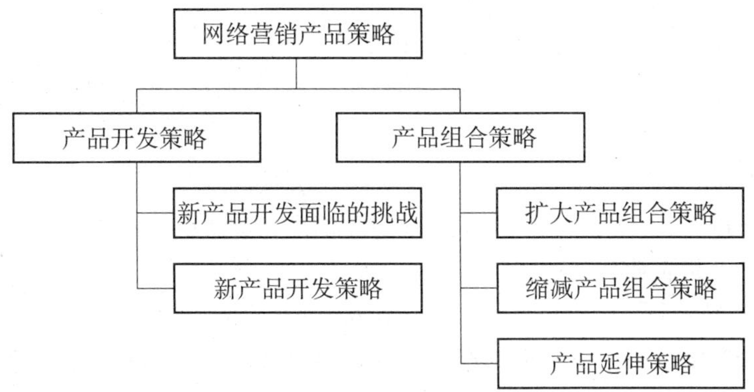

图 6—4　网络营销产品策略

(2) 产品开发面临的挑战。

产品开发是许多企业在市场取胜的法宝。在网络时代，企业新产品开发面临六大挑战：

● 在某些领域缺乏重要的新产品构思。

● 激烈的竞争正在导致市场不断分裂。

● 社会和政府的限制。

● 新产品开发过程中的昂贵代价。

● 新产品开发完成的时限缩短。

● 成功产品的生命周期缩短。

(3) 产品开发策略。

产品开发策略与传统新产品开发一样，网络营销产品开发策略也有以下六种类型：

● 新问世产品策略。

● 新产品线策略。

● 在现有产品线外新增加产品策略。

● 现有产品改良或更新策略。

● 降低产品成本策略。

● 重新定位产品策略。

(4) 产品组合策略。

常见的产品组合策略有三种类型：

● 扩大产品组合策略，也称全线全面型策略，即扩展产品组合的广度和深度，增加产品系列或项目，扩大经营范围，以满足市场需求。

● 缩减产品组合策略，即降低产品组合的广度和深度，减少一些产品系列或项目，集中力量经营一个系列的产品或少数产品项目，提高专业化水平，以求从经营较少的产品中获得较多的利润，故也称市场专业型策略。

● 产品延伸策略，即全部或部分地改变企业原有产品的市场定位，具体做法有向上延

伸（由原来经营低档产品，改为增加经营高档产品）、向下延伸（由原来经营高档产品，改为增加经营低档产品）和双向延伸（由原经营中档产品，改为增加经营高档和低档产品）三种。

3. 网络产品的六个相关概念

● 产品项目：指列入销售目录的产品名称。

● 产品线：指具有相同使用功能但其规格、型号、档次、款式不尽相同的、满足同类需求的一组类似的产品项目。

● 产品线宽度：指一个企业所拥有的产品线的数目。

● 产品线长度：指一条产品线中不同规格、档次、款式的产品数目。

● 产品组合：指企业生产销售多种产品时，各种不同类型产品之间质的组合和量的比例，也就是经营范围和结构；也指一个企业所经营的全部产品线的组合方式。

● 产品组合策略：指企业根据其经营目标、自身实力、市场状况和竞争态势，对产品组合的广度、深度和关联度进行不同的结合。

课堂活动一

一、活动目的

通过淘宝、网上行等网络平台对网络营销市场的产品类目进行调查分析，通过对比，选择合适的网络营销产品，收集与整理有关产品渠道信息，并完成任务单。

二、活动内容与步骤

1. 将学生分为 4 人一组，每组组员分配一个关于产品的知识任务进行 10 分钟的学习交流，主要让学生先对产品及网络营销产品有个初步了解，结束后，教师要求每组推选出一名组长阐述本组学习的要点，然后选择合适的产品，利用各种网络平台收集、整理相关的信息。

2. 通过分组完成任务单，理解传统营销学产品整体观念与网络营销学产品整体观念的区别。

任务单一：传统营销学的产品整体观念（见表 6—1）。

表 6—1

产品名称	核心产品	形体产品	附加产品
冰箱			
教材			
电影			
螃蟹			

任务单二：网络营销中的产品整体观念（见表 6—2）。

表 6—2

产品名称	核心产品	有形产品	延伸产品	期望产品	潜在产品
电脑					
音乐					
机票					
鲜花					

3. 选择产品的网络市场分析：

（1）目标顾客群体：通过淘宝、美丽说、微博、百度等平台了解消费者对网店拟经营产品的关注信息。

（2）判断产品的品质等级：分析相关网店的产品信息，团队成员可以准确把握本网络产品品质，并定位好自己网店的产品级别。

（3）物流状况分析：根据团体所处的实际情况，选择方便的物流及方便物流传送的产品。

4. 确定货源：通过产品分析与调研，初步拟定进货渠道及网店经营的商品，撰写详细的策划方案。

课堂活动二

请在表 6—3 的宝洁公司产品组合中，把产品项目、产品线、产品线宽度、产品线长度的内容（包括数量）分别指出来。

表 6—3　宝洁公司产品组合

洗发 护发	护肤 美容	个人 清洁	口腔 护理	家居护理	食品
飘柔	玉兰油	舒肤佳	佳洁士	碧浪	品客
海飞丝	SK－Ⅱ	玉兰油	欧乐-B	汰渍	
潘婷				兰诺	
沙宣					
伊卡璐					

制定网络营销产品价格策略

任务情境

珊珊同学和她的小伙伴们领会到了产品品牌定位和价格定位的重要性，于是其团队确定了要开个卖女装的网店，她们把网店定位在经营适合 15～25 岁人群、富有青春个性的服饰产品。要想在竞争激烈的女装行业中占有一席之地，除了要给自己的网店选择正确的商品外，还必须明确产品或服务项目，定位目标群体，因为通过网络销售产品的费用远低于其他销售渠道的销售费用，所以选择得当的产品，网络营销方式将能为经营者带来更多的利润。

在确定好产品之后，她们又遇到了新问题，就女装网络市场中，同款商品在淘宝搜索出来的结果就有好几个不同的价位。她们经过网络价格调查后，首先确定了店里的目标客户是学生群体。因此她们想先学习网络市场产品价格的相关知识，以便更准确地给自己要卖的商品定价。那么让我们一起来学习，帮助她们定价吧。

案例导入

ZARA、优衣库的品牌策略

西班牙知名品牌ZARA通过信息化管理系统来实现对消费者需求的分析。ZARA各个门店会执行总部的条形码制度，通过条形码扫描，门店将各类型号服装的受欢迎情况、销售情况、库存等信息汇总起来传送给总部，这些信息是远离中国市场的ZARA团队分析畅销或滞销产品的款式、花色、尺码等的重要依据，并且设计团队可以将这些分析数据作为新产品策划的参考元素。

优衣库在国外部分地区如美国已经推出会员制服务，持会员卡可以享受购货折扣的优惠，但在中国市场目前为止仍未推出会员制服务。据了解，目前优衣库分析中国消费者需求偏好及需求动态的重要依据主要是各家直营连锁店面的销售、库存情况。通过对这些数据的及时分析，优衣库可以及时推出更适合消费者需求的服装。另外，优衣库看中了淘宝网站海量的会员及购物群体中占据半壁江山的23～32岁的年轻人，于是优衣库2009年在淘宝网站设立网络旗舰店。一方面，通过淘宝网的会员数据和信息，优衣库能在第一时间准确地了解到中国年轻消费者的喜好和行为习惯，从而设计出更符合中国消费者的产品；另一方面，借助淘宝网庞大的消费群体，优衣库可以快速提高其品牌认知度和影响力。

相关知识

一、网上市场产品的价格特点

与传统市场的产品价格相比，网络市场产品的价格具有以下一些新的特点：

（1）价格水平趋于一致。

（2）价格非垄断化。

（3）价格趋低化。

（4）价格弹性化。

（5）价格智能化。

二、产品定价方法

产品的销售价格是企业市场营销过程中一个十分敏感而又最难有效控制的因素，它直接关系着市场对产品的接受程度，影响着市场需求量即产品销售量的大小和企业利润的多少。

1. 网络营销产品价格的构成要素

企业确定的价格一般在没有盈利的价格水平和没有需求量的价格水平两个极端点之间。在确定价格时，会受到可量化因素和不可量化因素的影响。其中，可量化因素包括：产品价值、合理利润；不可量化因素包括使用时间成本、购买精力成本、生活方式成本、心理成本。具体见图 6—5。

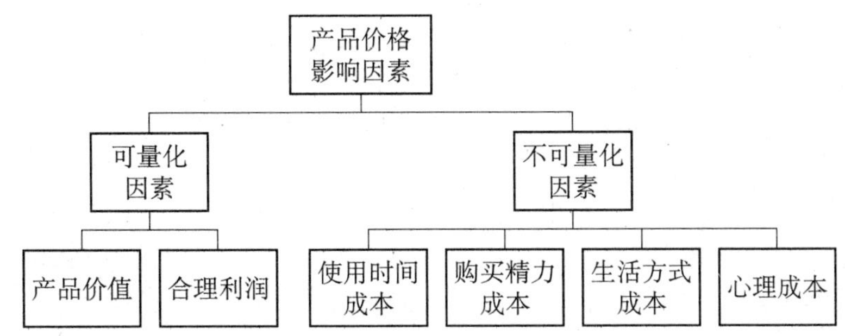

图 6—5　产品价格的影响因素

2. 网络营销中的定价方法

网络营销中的定价方法包括：成本导向定价法、需求导向定价法和竞争导向定价法。

成本导向定价法是指以产品的成本为基础而形成价格的一种定价方法。例如，惠州大卖场的商品价格是以成本价加上一个固定的毛利率，其商品的一般毛利率为 5%～10%，而企业直供的部分产品利润则达到 50%以上。

需求导向定价法又称顾客导向定价法，是指企业根据市场需求状况和消费者的不同反应，分别确定产品价格的一种定价方式。

竞争导向定价法是企业根据市场竞争状况确定商品价格的一种定价方式。

三、网络营销价格策略

1. 低价渗透定价策略

低价渗透定价策略设定最初低价，以便迅速和深入地进入市场，从而快速吸引大量的购买者，赢得较大的市场份额。它属于心理定价策略，具体可细分为直接低价定价策略和折扣定价策略。例如，Dell 公司的电脑定价比同性能的其他公司的产品要低 10%～15%（直接低价定价策略）；Amazon 的图书价格一般都有折扣，而且折扣价格达到3～5折（折扣定价策略）。

2. 免费价格策略

免费价格策略是指将企业的产品或服务以零价格或近乎零价格的形式提供给顾客使用，满足顾客需求。在网络营销中，免费价格策略是一种长期并行之有效的企业定价策略。

免费价格策略的形式有：完全免费、有限免费和部分免费。例如，Yahoo 公司最初通过为网上用户提供免费的检索站点起步，逐步拓展为门户站点，现在已成功地将业务拓展到电子商务领域，它成功的主要原因是遵循了互联网的免费原则和间接收益原则。

3. 使用定价策略

所谓使用定价策略，是指顾客通过互联网注册后可以直接使用某公司产品，顾客只需要根据使用次数进行付费，而不需要将产品完全购买。

4. 拍卖竞价策略

网上拍卖是目前发展比较快的领域，经济学认为，市场要想形成最合理的价格，拍卖竞价是最合理的方式。网上拍卖由消费者通过互联网轮流公开竞价，在规定时间内成交。

根据供需关系，网上拍卖竞价方式有下面几种：

竞价拍卖：使用竞价拍卖最多的是 CtoC 交易，包括二手货、收藏品，普通商品也可以竞价拍卖方式进行出售。如 HP 公司将一些库存积压产品放到网上拍卖。

竞价拍买：这是竞价拍卖的反向过程，消费者提出一个价格范围，求购某一商品，由商家出价，出价可以是公开的或隐蔽的，消费者将与出价最低或最接近的商家成交。

集体议价：在互联网出现以前，这种方式在国外主要是多个零售商联合起来向批发商（或生产商）议价订货以数量换价格。互联网的出现，使得普通的消费者也能使用这种方式购买商品。集合竞价模式是一种由消费者集体议价的交易方式。这在目前的国内网络竞价市场中，还是一种全新的交易方式。提出这一模式的是美国著名的 Priceline 公司。在国内，雅宝已经率先将这一全新的模式引入了自己的网站。

5. 个性化定价策略

个性化定价策略就是利用网络互动性的特征，根据消费者对产品外观、颜色等方面的具体需要，来确定商品价格的一种策略。

6. 声誉定价策略

声誉定价是指销售方针对消费者追求价高质优的心理，对在消费者心目中享有一定声望、具有较高信誉的产品制定高价。不少高级名牌产品和稀缺产品，如豪华轿车、高档手表、名牌时装等，在消费者心目享有极高的声誉价值。购买这些产品的人，往往关心的不是产品本身，而是关心产品能否显示其身份和地位，价格越高，则其心理满足的程度也就越高。

案例 6.1

奇特的价格策略

休布雷公司在美国伏特加酒的市场中属于营销出色的企业，所生产的史密诺夫酒在伏特加酒的市场中占有率达 23%。20 世纪 60 年代，另一家公司推出了一种新型伏特加酒，其质量不比史密诺夫酒低，而每瓶酒的价格却比史密诺夫酒低 1 美元。

按照惯例，休布雷公司有三条对策可用：

第一，降价 1 美元，以保住市场占有率。

第二，维持原价，通过增加广告费用和推销支出与竞争对手竞争。

第三，维持原价，听任市场占有率降低。

由此看来，无论休布雷公司采取以上哪种策略，都很被动，似乎是输定了。但是，该公司的市场营销人员经过深思熟虑后，却采取了令人意想不到的其他策略，那就是：将史密诺夫酒的价格再提高 1 美元，同时推出一种与竞争对手的新伏特加价格一样的瑞色加酒和另一种价格更低的波波酒。

问题：

(1) 这一应对策略是否恰当？为什么？

(2) 这一应对策略使公司的目标市场策略发生了怎样的变化？

(3) 企业决定价格时，须考虑哪些因素？

课堂活动

1. 活动目的

学生分组调查商品的价格，掌握网络营销的“定价策略”：首先，要把握网络产品的价格特点及价格构成要素，区别网络产品的三种基本定价方法。其次，理解网络产品价格的重要性和定价所具有的买卖双方双向决策的特征；掌握网络营销中最常见的几种类型的网络营销价格策略，以及各价格策略适用的范围、条件和操作方法。

2. 活动步骤

(1) 让学生分组，课前在当地苏宁、国美实体连锁店中对同一种商品的价格进行调查，并记录下来，完成下列任务单（见表6—4）。

表6—4

	创维LED网络电视	海尔冰箱	小米4手机	格力空调
国美电器				
苏宁电器				

(2) 分组分别进入苏宁易购、国美在线、京东在线的网络，对同一种产品（惠普HP CQ45-m02TX 14英寸笔记本电脑i5-3230M（官方标配）进行价格搜索查询，如图6—6、图6—7、图6—8所示。

图6—6

图 6—7

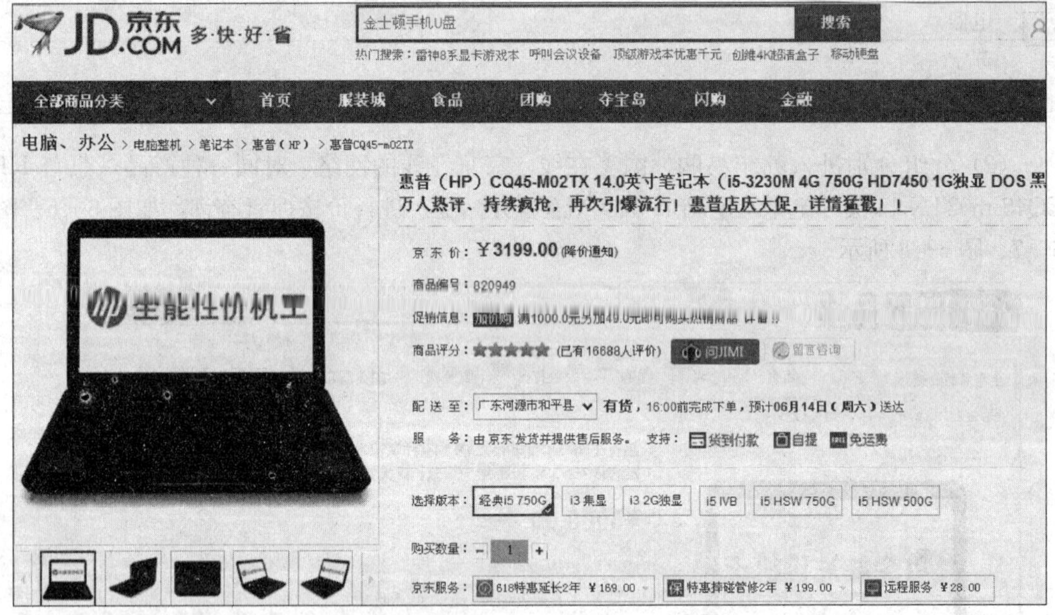

图 6—8

（3）分小组讨论分析国美在线、苏宁易购、京东网上商城对产品价格的定价策略，并进行记录，在班内进行分析交流。

（4）小组内讨论、分析产品的价格特点，并派代表在班上进行分享交流。

（5）教师点评并总结。

任务三　设计网络营销渠道策略

任务情境

珊珊同学的网店架构已经搭建好了，经过前面的市场调查之后，也确定了网店经营的市场定位与价格定位。接下来就应该选择在哪个网购平台上开店了。

案例导入

华怡公司是一家综合性企业，主要生产和经营数码产品、影音产品、家居服饰、美妆产品、母婴儿童产品、健康休闲产品、食品和礼品等。该公司产品的营销主要是通过传统分销渠道进行的，在全国分设省、市二级代理商。两年来，公司经营层明显感到产品销售额有下降的趋势，产品成本和营销费用却居高不下。

为了提高销售能力，在过去的一年中，公司增加了广告投入，在报纸、杂志和网站上加大宣传和推广的力度，但效果并不是很理想。同时，不少消费者反映，公司产品的性能、型号、规格、外观、品种等方面不能完全满足自己的个性化要求，产品价格相对较高，购买时不方便等。

针对该公司的问题，公司管理层决定建立网上商城。

【案例分析】

随着营销环境的变化，渠道也在变化。渠道的实质在于使消费者能够最方便、以最低成本、最快捷地获得所需产品。网络营销渠道不但是传统营销渠道的补充，而且是传统营销渠道的延伸。从顾客的角度看，单一的营销渠道，顾客不能充分获得产品及生产者的信息，购买不方便，只能“有什么买什么”，个性化需求无法得到满足。因此，企业应随着营销环境的变化拓展自己的销售空间。

华怡公司的问题主要是渠道方面的原因造成的。为改变这一状况，该公司必须根据产品和销售对象的特点，结合企业实际情况，重新设计其营销渠道，构建灵活高效的网络营销渠道。

相关知识

一、网络营销渠道策略概况

1. 网络营销渠道功能

网络营销渠道就是借助互联网，将产品和服务从生产者转移到消费者，从而辅助企业实现营销目标的一整套相互依存的中间环节。

(1) 传统的营销渠道。

传统的营销渠道是指某种货物或劳务从生产者向消费者转移时所需经过的流通途径。在传统的营销渠道中，除了生产者和消费者外，很多情况下还有大量的独立中间商和代理中间商存在。传统营销渠道的作用是单一的，它仅仅是商品从生产者向消费者转移的一个通道。

(2) 网络营销渠道的基本功能。

网络营销渠道的功能是多方面的。首先，网络营销渠道是信息发布的渠道。企业的概况和产品的质量、种类、价格等，都可以通过这一渠道告诉用户；其次，网络营销渠道是销售产品、提供服务的便捷途径。用户可从网上直接选购自己所需的商品，并通过网络支付款项；最后，网络营销渠道是企业间洽谈业务、开展商务活动的场所，也是进行客户技术培训和售后服务的途径，并且还是与用户进行交流的通道。

与传统营销渠道一样，网络营销渠道有三大功能：订货系统、结算系统和配送系统。

2. 网络营销渠道的分类

互联网的发展和商业应用，使得传统营销中间商的地缘优势被互联网的虚拟性所取代，同时，互联网的高效率的信息交换，改变着过去传统营销渠道的诸多环节，将错综复杂的关系简化为单一关系。互联网的发展改变了营销渠道的结构，具体见图 6—9。

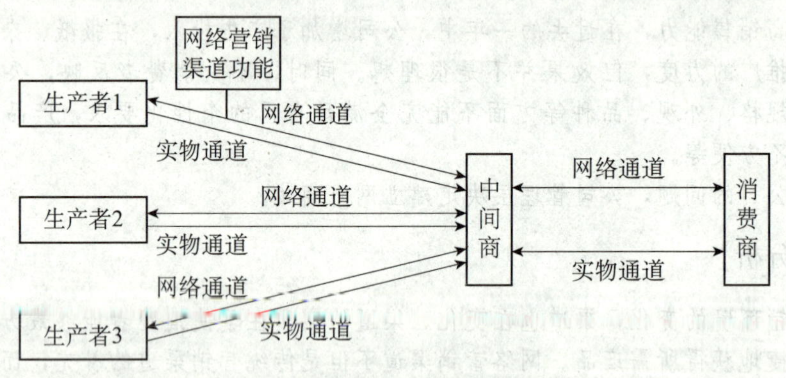

图 6—9 互联网时代营销渠道的结构

网络营销渠道可以分为两大类：

(1) 通过互联网实现的从生产者到消费者的网络直接营销渠道（简称网上直销）。网上直销渠道的建立，使得生产者和最终消费者直接连接和沟通。

(2) 网络中间商渠道。网络中间商渠道以信息服务为核心，提供的信息服务的主要类别有目录服务、搜索服务、虚拟商业街、网上出版、站点评估、电子支付、虚拟市场、智能代理。如美国零售业巨头沃尔玛为抵抗互联网对其零售市场的侵蚀，在 2000 年 1 月份开始在互联网上开设网上商店。

二、网络销售渠道建设

1. 网上销售渠道模式

一般来说，网上销售主要有两种方式：

（1）BtoB。

BtoB 即企业对企业的模式，这种模式每次交易量很大、交易次数较少，并且购买方比较集中，因此网上销售渠道的建设关键是建设好订货系统，方便购买企业进行选择；由于企业一般信用较好，通过网上结算实现付款比较简单；另一方面，由于量大次数少，因此配送时可以进行专门运送，既可以保证速度也可以保证质量，减少中间环节造成损失。

（2）BtoC。

BtoC 即企业对消费者模式，这种模式的每次交易量小、交易次数多，而且购买者非常分散，因此网上渠道建设的关键是结算系统和配送系统，这也是网上购物必须面对的门槛。由于国内的消费者信用机制还没有建立起来，加之缺少专业配送系统，因此开展网上购物活动时，特别是面对大众购物时，必须解决好这两个环节才有可能获得成功。

在选择网络销售渠道时还要注意产品的特性，有些产品易于数字化，可以直接通过互联网传输；而对于大多数有形产品，还必须依靠传统配送渠道来实现货物的空间移动，对于部分产品依赖的渠道，可以通过对互联网进行改造以最大限度地提高渠道的效率，减少渠道运营中的人为失误和时间耽误造成的损失。

2. 网络营销渠道建设应注意的几个问题

首先，从消费者角度设计渠道。只有采用消费者比较放心或容易接受的方式才有可能吸引消费者使用网上购物，以克服网上购物的“虚”的感觉，如采用货到付款方式比较让人认可。

其次，设计订货系统时，要简单明了，不要让消费者填写太多信息，而应该采用现在流行的“购物车”方式，让消费者一边看物品比较选择，一边进行选购。在购物结束后，一次性进行结算。另外，订货系统还应该提供商品搜索和分类查找功能，以便于消费者在最短的时间内找到所需要的商品，同时还应对商品提供消费者想了解的信息，如性能、外形、品牌等重要信息。

再次，在选择结算方式时，应考虑到实际发展的状况，应尽量提供多种方式方便消费者选择，同时还要考虑网上结算的安全性，对于不安全的直接结算方式，应换成间接的安全方式。

最后，建立完善的配送系统。消费者只有看到购买的商品到家后，才会真正感到踏实，因此建设快速有效的配送服务系统是非常重要的。在现阶段，我国的配送体系还不成熟，在进行网上销售时要考虑到该产品是否适合配送体系，正因如此，网上销售的商品大多是价值较小、不易损坏的商品，如图书、小件电子类产品等。

三、网络营销渠道的整合策略

企业在营销操作过程中，经常把网络营销渠道和传统营销渠道进行整合，从而拓展企业营销的空间，实现渠道功能的最大化效应。营销渠道整合策略的基本形式有两类。

1. 网络直销渠道和网络营销间接渠道相整合策略

企业可以同时使用网络直销渠道和间接渠道，以实现销售利润最大化。例如，海尔在进行网络营销活动中，一方面规划和建立自己的企业网站，采取有效的措施提高网站的吸引力和访问量，另一方面积极利用网络权威中介的信息服务、广告服务和撮合服务，扩大企业的影响力，开拓企业产品的销售领域。

2. 网上营销渠道与线下营销渠道相整合策略

网络营销渠道不仅是传统营销渠道的补充，而且也是传统营销的延伸。通过两种营销渠道的整合，可以实现："线上客户线下做"，通过网站的浏览和点击进行主动营销，实现产品和服务的延伸；"线下的产品线上推"，继续保持传统渠道营销，在渠道和广告宣传上下工夫，利用网络先进的多媒体手段，将企业产品功能和附加信息发布在网上宣传，不仅不会遗漏掉网络的潜在客户，而且会让顾客全方位地了解关于产品的信息，实现营销手段的延伸。

四、网店与实体店的关系

我们可以看到ONLY、优衣库、李宁等品牌都在网上进行销售，但网上销售的基本都是库存商品或者是过季商品，即便是销售当季新品，实体店铺也一定有与之相对应的促销活动。网店和实体店铺有几个关键点需要注意。

1. 过季商品

经过45天的销售期，可以通过网络店铺折价销售，这样可以处理各级经销商的库存商品。

2. 网络价格和实体店铺价格一致

麦考林就是一个很好的例子，特别要说的是，像H&M、ZARA这种便利商品不会做网购。因为它们的网络比较密集，单店面积大，售卖的属于流行便利商品，在它们的网站上，点击商品会告诉你去哪里购买，H&M、ZARA这样的品牌思想和信息化建设是非常标准、系统化的，因此，网店并不是适用于所有企业。有两类货品不适用网店销售：一是单品利润高、受众覆盖率高的商品，比如LV、GUCCI；二是单品价格低、店铺分布广的商品，比如美邦、ZARA，这类货品网点多，立体化程度高，即使出现网销，价格差距也不大。

3. 店铺货品和网上货品同属一个品牌，但是货品款式不同

凡是涉及加盟商运营体系的传统企业，做网购都会有一定程度上的问题，只有一种方式，就是加盟商加盟实体店铺后，也负责同一地区的网店推广，只要是这个城市订购的所有商品，都由该加盟商作为仓储和配送，除了实体店铺的销售利润，网购的利润也归加盟商所有，这样加盟商就有义务承担起网店的责任。

五、网络渠道的现状

目前很多品牌的网店根本就无法生存，网店无法赚取利润，服装品牌做网购是一种潮流，很多企业只是赶这个潮流，并没有做大力推广和宣传，无法处理好网店和直营实体店铺、加盟店铺的关系，网店的生存空间小。现在也陆续有品牌通过淘宝等专业平台进行销售，采用了建立网络专卖店的方式，但是也存在与淘宝利益分成的问题。

1. 网店在国外

国外有标准的网络销售系统，销售的商品用什么角度拍、相机标准、像素大小等，都有相关的规范，避免了商品信息的虚假性，国内很多产品图片都是互相转载的。国外有专

门针对时尚领域做电子商务品牌的团队，其软硬件和框架搭配的合理性比国内要强，这一点值得国内企业学习。国外的很多网站，相当于网络的集成店，里面有很多品牌，可以根据设计师、男女装、上下装等搜索。

2. 线上与线下品牌共存

无论要推广的品牌是在实体店铺还是在网店销售，上市新品和库存货品务必要统一价格，所有的价格变动都要申请。

传统品牌如需进行网络销售，有以下几种：（1）线上线下价格统一；（2）网上的货品与实体店铺货品不是一类，网上的有折扣；（3）将地区代理商的利润和该地区的网络销售利润进行捆绑。

企业要建立相关的品牌管理部门，所有的产品都要有条形码，可以加强网络打假和品牌维护。

最好的广告是终端，要利用渠道平台的魅力去实现网络无法实现的功能，利用渠道更好地做好终端的商业营销，表现品牌灵魂，通过实体店铺的形象、产品、陈列、货品、推广、活动来整体体现品牌的文化和价值。

课堂活动一

一、活动目的

通过访问阿里巴巴和慧聪网这两大 BtoB 电子商务中介网站，了解 BtoB 电子商务模式的网络销售渠道建设，掌握如何让消费者从选购商品、下订单、支付、接收到商品的整个购物环节能顺畅、方便。

二、活动内容与步骤

1. 访问阿里巴巴 http：//www.1688.com/（见图 6—10）和慧聪网 http：//www.hc360.com/（见图 6—11）。

图 6—10

图 6—11

2. 分析比较传统营销渠道与网络营销渠道的区别。

3. 分小组讨论传统营销渠道有哪些环节，网络营销渠道有哪些环节。

4. 为珊珊的网店建设合理的网络营销渠道。

课堂活动二

网络直销模式——戴尔公司网络直销成功的秘诀

戴尔的直销模式即向客户直接销售计算机，不通过任何中间商。戴尔公司最初是以在选定的计算机杂志上做直接响应广告，把计算机直接销售给最终客户，而不通过间接分销渠道。后来，戴尔公司创新了根据订单生产并直接销售的网络营销模式，使得传统渠道中常见的代理商和零售商的高额价格消失了，同时戴尔公司的库存成本也大大降低。与其他依靠传统方式进行销售的主要竞争对手相比，戴尔公司的计算机占有10%～15%的价格优势。这种价格优势主要来自戴尔以客户为中心的直销模式。戴尔公司把企业家、网络技术专家、企业软件汇集在一起，每台计算机都按客户的需求生产，从订货到产品装车只需要36小时。因此，它在同行中被认为是实行独特直销方式的先行者。

要求：结合案例，试分析戴尔公司作为电脑系统销售商成功的秘诀。

任务情境

珊珊同学的网店总算是开起来了，店铺一切准备就绪。由专人负责每天跟踪网店的进展。可是，一个星期过去了，她们发现店铺的浏览量少得可怜，转化率就更没有了。怎么回事呀？不是说网络每天都有上百万人的流量吗？于是珊珊同学带领团队在淘宝网知名金牌店中找原因，发现了问题所在，原来开店还要掌握各种促销策略来吸引流量，通过促销手段提高网店的知名度，才能引来更多流量。

案例导入

关于淘宝商城“双十一”营销案例分析

一、淘宝网发展背景历史

1. 电子商务发展背景

当今世界正进入信息经济时代，互联网的快速发展和广泛应用加速了经济全球化和全球信息化的进程，并对人们的生产、生活方式产生了深刻的影响。电子商务作为21世纪主要的经贸方式之一，在世界各地、各行业迅速发展，给世界贸易格局和经济增长方式带来了巨大变革。

2. 淘宝网简介

淘宝网是亚洲最大的网络零售商圈，致力于创造全球首选网络零售商圈，由阿里巴巴2003年5月10日投资创办。淘宝网业务范围跨越CtoC（个人对个人）、BtoC（商家对个人）两大部分。淘宝商城的支付方式有：网上支付、信用卡支付以及货到付款。淘宝商城主要为各大品牌商家以及有一定实力的企业经营，国内外知名品牌已经纷纷入驻淘宝商城。

3. 淘宝商城简介

淘宝商城服务的主要对象为大型卖家和部分品牌卖家或者授权卖家，主要服务对象包含了摩托罗拉、耐克、阿迪达斯等世界知名品牌的代理商和经销商，将淘宝的品牌价值和品牌意识提高到了新的水平，也进一步稳固了因质量问题和信誉问题而动摇的市场，并且在一定程度上让利给广大的买家，促进了淘宝的多样发展。区别于国内其他大型综合BtoC购物平台，淘宝商城与淘宝网共享超过9 800万会员，为网购消费者提供快捷、安全、方便的购物体验，提供100%品质保证的商品，7天无理由退货的售后服务，提供购物发票以及购物现金积分等优质服务。同时，淘宝商城在淘宝网战略中也逐渐成长为淘宝网重要的一环，成为淘宝网的主要服务之一，淘宝商城作为淘宝网主打的服务品牌，也越来越受到广大买家的关注和支持，在新一轮的网上购物博弈中，淘宝网凭借淘宝商城打破了之前的低迷态势，正式走出了自己的BtoC之路。

二、“双十一”营销总览

1. 关于光棍节的由来

光棍节是一种流传于年轻人中的娱乐性节日，以庆祝自己仍是单身一族（“光棍”的意思便是“单身”）。光棍节产生于校园，并通过网络等媒介传播，逐渐形成了一种光棍节文化。1月1日是小光棍节，1月11日和11月1日是中光棍节，而11月11日由于有4个1，所以被称为大光棍节。而一般光棍节则指的是11月11日的大光棍节。国家统计局抽样调查显示，目前我国出生人口男女比例近120∶100，全世界最高。据推算，到2020年，中国处于婚龄的男性将比女性多出3 000万到4 000万。光棍节的起源有多种说法，广为认可的一种说法是：它起源于20世纪90年代南京高校的校园趣味文化。

2. 选择11月进行淘宝商城促销的实际因素

(1) 大多公司、企业都是选择在每月10日进行工资的结算，买家手中拥有更多可支配资金，在11日进行促销活动，提高了买家的购买积极性和购买量。

(2) 每年11月、12月为大多数卖家进行尾货处理，回笼资金，进行会计核算以及整合规划第二年公司企业销售运作之时，因此对于卖家达到或增加本年营业额以及利益的实现而言，11月的销售是一个较为重要的销售时段。

(3) 随着电商这一行业的不断壮大扩展，一直一家独大的淘宝网也渐渐感受到来自诸如京东、腾讯等各个逐步发展起来的电商平台的威胁，因此淘宝网需要通过塑造相对固定并能与其品牌相适应的促销活动，而通过近几年对于光棍节购物促销节的运作，让淘宝网也加大了对淘宝商城“双十一”购物节的重视。

(4) 电商与线下实体商户之间与日俱增的竞争，致使电商企业需要通过各种更为直接的降价或给予顾客实际利益的促销活动及营销方案，获取更多的客户群体以及更高的营业额。因此“双十一”五折购物是稳定淘宝商城客户源以及增加品牌效应的不二选择。

3. “双十一”所面对的主要人群

(1) 与日俱增的庞大网民群体。

(2) 乐于接受新的购物方式的年轻群体。

(3) 追求更多实惠的居家群体。

4. “双十一”宣传传播途径

“双十一”不仅在线上，而且在线下做了大量推广。电视媒体、户外媒体从整体上营造了热烈的节日气氛。淘宝商城将一个促销活动打造成为一个新闻事件，使信息落地，引发媒体主动报道，使“双十一”成为一个真正的节日。

三、浅谈淘宝商城“双十一”营销案例

1. 注重营销方案的时效性

淘宝商城“双十一”营销成功的首要因素是其把握了当代购物方式多样化的契机。作为新兴的电商模式，与实体店最为强大的竞争优势就在于价格。省去了更多的店铺租赁、装修费用，同时借助日益健全、快速、便捷的快递物流方式，淘宝商城的各大商家可以压低价格，采取价格优势，甚至是通过部分商品亏损来获取更大利润以及尾货的清理、资金回笼。而将网络购物和一些特别的节假日或由网络衍生的特殊日子相结合，不仅仅提高了营销的影响力，也大大提高了数量巨大的网民的参与度，稳定了庞大的顾客群体。同时，网络作为快捷的中介方式，也让网购成为人们逐渐接受的购物方式之一 。

2. 渠道的宣传大大增强了活动影响力

在“双十一”促销活动中，淘宝商城采取了各种媒体进行大规模、大范围的深度宣传，不仅采取网络这一当今社会最为迅捷的媒体传播，还通过各种传统的，诸如电视、报纸、杂志等媒体传播，并且还加大了短信、微博、手机报等服务量巨大的传播方式进行了多方面、多角度、多元化的立体传播，让“双十一”这一极具特色的电商营销活动成了校园、社区、公司、企业中出现频率极高的谈资。

3. 创意性营销奠定了该方案的成功

淘宝商城的“双十一”购物促销将促销活动与11这个数字紧密地联系了起来，通过采取限时五折销售的手段让顾客在大脑里对于此次促销的印象加深，采取类似于饥渴营销，以限时、限量的方式，刺激消费者的消费欲望，提高广大网民的参与积极性。

同时通过“五折”、“低价”、“全民”、“包邮”、“七天不满意退货”等更为敏感的词条加深消费者对于“双十一”的认知，并将低价购物、实惠购物与之联系在一起，进而达到扩展消费、增加营销成果的作用。以明确的“让利”、“秒杀”等概念，凸显营销的直接目的；广泛的客户群体以及行业中具有绝对竞争力的行业资源优势，让淘宝商城的“双十一”营销方案取得了傲人的成果。

相关知识

1. 网络营销促销概述

（1）网络营销促销的内涵和特点。

网络营销促销是指利用计算机及网络技术，向虚拟市场传递有关产品和服务的信息，以引发消费者需求，唤起其购买欲望和促成购买行为的各种活动。

网络营销促销的特点：

第一，它通过网络技术传递产品和服务的性能、功效及特征等信息。

第二，它在互联网上这个虚拟市场上进行。

第三，互联网虚拟市场是一个世界统一的市场。

（2）网络营销促销的形式。

传统营销的促销形式主要有四种，即：广告、销售促进、宣传推广和人员推销。

网络营销的促销形式主要也有四种，即：网络广告、站点推广、销售促进和关系营销。

（3）网络营销促销的作用。

网络促销的作用主要表现在五个方面：告知功能、说服功能、反馈功能、创造需求、稳定销售。

（4）网络营销促销的实施。

根据国内外网络营销促销的实践，网络营销促销的实施程序主要有六个环节：明确网络促销对象、设计网络促销内容、选择网络促销组合方式、制定网络促销预算方案、评价网络促销效果、加强网络促销过程的综合管理。

2. 网上销售促进与公共关系

（1）网上销售促进。

网上销售促进常见的形式有三种，即：有奖促销、拍卖促销和免费资源促销。

（2）网上公共关系。

公共关系是一种重要的促销工具，它通过与企业利益相关者，包括供应商、顾客、雇员、股东、社会团体等，建立良好的合作关系，为企业的经营管理营造良好的环境。

企业应当如何利用互联网开展公关活动呢？常见的有三种形式：与网络新闻媒体合作、宣传和推广产品、建立沟通渠道。

营销的目的是为增加销售起到促进作用，网络营销也不例外，大部分网络营销方法都与直接或间接地促进销售有关，但是促进销售并不限于促进网上销售，它可以避免现实中促销的千篇一律，可以与企业的文化以及帮助宣传的网站的企业文化相结合来达到最佳的促销效果。

课堂活动

1. 学生分组思考：一半学生思考“传统营销是如何促销的”，另一半学生思考“网络营销应该如何促销”，将小组意见写在纸条上。

2. 小组可采用分工阅读教材和上网浏览的方法比较传统营销渠道与网络营销渠道的区别，并填写表 6—5。

表 6—5　传统营销与网络营销促销形式的比较

传统营销促销形式		网络营销促销形式	
广告		网络广告	
销售促进		站点推广	
宣传推广·		销售促进	
人员推销		关系营销	

3. 分小组内讨论商品的不同特点，对各类商品进行分类，并进行记录。小组内讨论分析，选出最具操作性的商品类型。

【思考题】

1. 网络营销产品整体概念和网络营销产品策略的区别是什么？
2. 分析网络营销的产品定价方法和定价策略。
3. 网络营销促销的特点和作用是什么？网络促销的实施步骤是什么？
4. 怎样运用网络营销渠道抓住消费者心理，开发网络营销渠道，以方便消费者购买？

【综合实训】

1. 4 人为一个小组，利用本项目学习网络营销促销知识，为珊珊团队的淘宝女装店策划一次促销活动，并完成促销活动方案。

2. 网络营销渠道实训

技能训练：网络营销渠道的三大功能。

目的：初步识别网络营销渠道的三个功能。

内容：以客户的身份登录当当网（www.dangdang.com），查看其订货、结算、配送的三个功能是如何实现的。

要求：登录当当网，独立完成表 6—6 的填写。

表 6—6

渠道功能	描述网络营销渠道功能的内容和实现步骤
网上订货功能	
网上结算功能	
网上配送功能	

【案例分析】

道奇蝰蛇（Dodge Viper）跑车产品定位

美国克莱斯勒公司在推出道奇蝰蛇（Dodge Viper）跑车的时候，公司内部曾经有人抱怨该跑车噪音太大。进行消费者调查时，得到的反馈是车座太小，车内空间太小。于是，工程师主张使用马力较小的发动机，而且把两座改为四座。克莱斯勒公司总裁卢茨坚决否定了这一方案，他说年轻人购买跑车就是看中了它的速度和年轻、洒脱、大胆的气质，甚至有些人就是喜欢跑车的噪音，我们不要制造完美却丧失个性的跑车，而要把注意力用在最关键的、适合目标消费者的地方。

“蝰蛇”是美国最凶猛的蛇种之一，用“蝰蛇”作为产品商标，其用意就在于此。所用的图形商标是一个张着血盆大口的蝰蛇，象征“蝰蛇”勇猛无比。该商标的设计者卡罗尔·谢尔比在设计中特别突出了蝰蛇那双烁烁放光的眼睛和锐利的牙齿，像是用藐视的目光盯着对手，露出毒牙以击退敌人。

要求：结合案例，试分析道奇蝰蛇跑车为什么能在世界著名跑车市场占据一席之地。

网络营销综合实训

一、综合实训目的

在学习了网络营销的基础知识、工具、方法、策略等相关内容后，通过对具体网络营销项目进行研究与设计，进一步加深对网络营销的基本理论知识、方法体系的理解，掌握并灵活运用网络营销的一些工具和策略来解决实际应用问题，提高网络营销实践能力。

二、综合实训组织形式

学生每3～4人为一个小组，选组长1名，负责组织协调组内成员的分工和协作；小组各成员要求有明确的分工，并将分工职责写入课程设计报告书中作为考核内容；小组成员通过协作共同完成企业网络营销策划书。

教师布置任务后，学生在规定的时间内自行完成。学生可以自己收集资料，最终提交具有一定可行性的企业网络营销策划书。

三、综合实训内容与要求

本次综合实训所完成的网络营销策划书有以下要求：一是要结合企业实际需求，有一定实际意义；二是策划书结构应完整，具有一定的应用可行性；三是要体现对所学网络营销主要工具和方法的运用。

具体内容包括：

1. 网上调研

通过网上调研，对所选择的企业（组织）营销现状、存在的问题进行调研，要求设计一份网上调查问卷，包含3～5个问题，收集一手资料；通过搜索引擎等收集二手资料；也可以采用传统调研方式予以必要的补充。最终要形成简要的调研报告。

2. 网络营销策划和实施方案设计

针对调研结果，确定网络营销要解决的问题和目标，提供一份完整的、涉及企业相关营销策略和具体实施方法的网络营销策划书。网络营销策划书主要应解决两个问题：企业为什么要采用网络营销模式以及企业如何实施网络营销。

3. 网络营销策划书的主要内容

（1）市场概述：企业要进入一个新的市场，必然要对市场有充分的了解和分析。互联网不仅是网络营销的工具和平台，也是一种新的市场环境。网络营销策划书中应对企业所处的网上网下环境进行分析，包括营销的宏观市场环境和微观市场环境，分析市场中的机遇和挑战。

（2）企业简介：介绍企业的情况，分析企业目前的优势和劣势，如何运用网络营销解决问题等，说明进行网络营销的必要性。

（3）确定企业网络营销目标：企业设置网站的目的往往不仅是直接的网上销售，而且着眼于网络营销所产生的其他效应，如提高品牌知名度、吸引顾客和培养顾客的忠诚度、减少营销费用和时间、支持其他营销活动，等等。应该明确其建立网站进行营销的目的以及要达到的效果。

（4）企业网络营销策略设计：通过市场细分并确定目标顾客，根据具体情况采用产品策略、价格策略、分销策略、促销策略、服务策略、个性化营销策略、跨部门合作策略等。

（5）网站规划和建设（也可以结合电子商务网站课程设计作业）：主要是看页面布局、网站中的内容、具体的栏目、主要实现的功能、营销功能的体现等。

（6）企业网络营销费用预算：网络营销的费用预算应该包括两大部分。第一部分是设计、建立网站的费用，如购买硬件的费用、购买或开发软件的费用、企业入网的费用、域名注册的费用等；第二部分是网站建成运行的维护费用、推广费用、网上调查费用、信息发布费用、各种服务费用，等等。

（7）企业网站建设和网站推广：需要考虑采用哪些网站推广方式，如何进行推广。

4. 设计说明书的编写

掌握设计说明书的编写方法和格式，包括设计任务书、目录、前言、主体内容、设计结果的自我评价和结束语、参考文献等，要求整个设计内容全部用计算机排版打印。

参考文献

相关教材：

1. 江礼坤. 网络营销推广实战宝典. 北京：电子工业出版社，2014.

2. ［美］朱迪·斯特劳斯，雷蒙德·弗罗斯特. 网络营销（第5版）. 北京：中国人民大学出版社，2010.

3. ［日］是永聪. 网络营销. 北京：科学出版社，2008.

4. 郦瞻. 网络营销. 北京：清华大学出版社，2013.

相关网站：

1. 淘宝网：www. taobao. com.

2. 阿里巴巴：www. alibaba. com. cn.

3. 百度：www. baidu. com.

4. 派代网：www. paidai. com.

5. 虎嗅网：www. huxiu. com.

6. 唯品会：www. vipshop. com.

7. 中国互联网络信息中心：www. cnnic. net. cn.